Gitte Härter

Peinlich, peinlich ...

WC

Gitte Härter

Peinlich, peinlich ...

So blamieren Sie sich selbstbewusst!

GABAL

Bibliografische Information der Deutschen Nationalbibliothek

Die Deutsche Nationalbibliothek verzeichnet diese Publikation in der Deutschen Nationalbibliografie; detaillierte bibliografische Informationen sind im Internet unter http://dnb.d-nb.de abrufbar.

ISBN 978-3-86936-484-1

Lektorat: Anja Hilgarth, Herzogenaurach
Umschlaggestaltung: Martin Zech Design, Bremen | www.martinzech.de
Umschlagfoto: dcdp/iStockphoto.com
Satz und Layout: Lohse Design, Heppenheim | www.lohse-design.de
Herstellung: BoD - Books on Demand, Norderstedt

www.gabal-verlag.de
www.facebook.com/Gabalbuecher
www.twitter.com/gabalbuecher

Inhaltsverzeichnis

Blamagen gehören zum Leben. Ob Sie wollen oder nicht

Eine wahre Begebenheit, bei der ich selbst zugegen war:

Die internationale Vertriebs- und Marketingkonferenz ist in vollem Gange. Einer der teuer bezahlten Berater des Consultingunternehmens ist mitten in seiner Präsentation. Seine beiden Kollegen sitzen rechts von ihm, am Ende der in U-Form aufgestellten Tische. Der ältere davon kippelt geistesabwesend auf den hinteren Stuhlbeinen. Plötzlich fällt er mit Karacho hintüber!

Alle anwesenden Manager reißen den Kopf herum. Es herrscht erschrockene Stille. Als sie sehen, dass der Berater wie ein kleiner Schuljunge vom Stuhl gefallen ist, explodiert der Raum in schallendes Gelächter.

Stellen Sie sich vor, Sie sind der kippelnde Unternehmensberater. Eben haben Sie sich vor den Augen zahlreicher Schlüsselvertreter eines äußerst wichtigen Auftraggebers – und vor Ihren Kollegen! – auf den Boden gelegt. Was würden Sie in diesem Moment tun?

- Knallrot anlaufen?
- Schnell wieder hinsetzen und so tun, als sei nichts gewesen?
- Sich herausreden, dass der Stuhl kaputt ist?

Dieser Unternehmensberater ist aufgestanden, hat sich, während das Gelächter über ihn hinwegdonnerte, langsam und demonstrativ die

Kleidung abgeklopft. Als sich der Raum neugierig etwas beruhigte, sagte er trocken: „Das kann ich zweimal hintereinander – ohne mir dabei wehzutun!“

Was für eine coole Reaktion! Sofort ging das kollektive Lachen wieder los, aber jetzt lachte der ganze Raum anerkennend mit dem Berater. Souveräner hätte er diese wirklich peinliche Situation nicht lösen können!

Was würden Sie sagen, wenn ich Ihnen verspreche, dass Sie sich das miese Gefühl der Blamage abgewöhnen können?

Ich zeige Ihnen auf den folgenden Seiten,

- dass es dabei um eine Grundhaltung geht, die erlernbar ist.
- dass Sie einige wenige Werkzeuge dafür nutzen können, ohne Meister/-in der Schlagfertigkeit zu sein.
- Und dass alleine die Abwesenheit typischer kontraproduktiver Verhaltensweisen Sie bereits souveräner macht.

Das Besondere an diesem Buch ist, dass es ein Trainingsbuch ist: Im ersten Teil ergründen Sie, was Ihnen überhaupt peinlich ist, und lernen die Anti-Blamier-Formel kennen. Im zweiten Teil zeige ich Ihnen anhand zahlreicher peinlicher Situationen, wie Sie diese Formel praktisch anwenden können. Im dritten Teil geht es darum, Ihr Selbstbewusstsein konsequent zu stärken. Dann brauchen Sie die Tipps im Buch „nur“ noch im Alltag einzusetzen. Denn vom Lesen alleine wird man nicht souverän.

Und wenn Ihnen das nächste Mal etwas peinlich ist, dann blamieren Sie sich einfach selbstbewusst!

Viel Spaß beim Lesen

info@schreibnudel.de

Teil 1

Werkzeuge für das Blamage-Management

Realitäts-Check

Fremdschämen

Die Anti-Blamier-Formel

Managen Sie sich! (Teil 1)

Die Piktogramme im Buch

Stimmt's oder hab ich recht?

Tun Sie dies nicht

Wichtig!

Tun Sie das

1. Realitäts-Check

Stellen Sie sich vor, Sie gehen in ein Café und bekommen einen schmutzigen Löffel. Was tun Sie? Regen Sie sich auf und verlangen einen neuen Löffel? Oder bitten Sie die Servicekraft, Ihnen einen sauberen Löffel zu bringen?

Ich kenne eine Frau, die den Löffel verstohlen notdürftig vom Dreck befreite und dann benutzte, weil es ihr peinlich war, den Kellner darauf anzusprechen. „Unvorstellbar!", dachte ich. Doch dann fielen mir verschiedene Gelegenheiten ein, wo mir etwas ebenso Absurdes peinlich war: Die aus der Hand gerutschte gläserne Milchflasche, die eine mächtige Sauerei im Supermarkt anrichtete. Der Moment, als mein Begleiter dem Taxifahrer mit einem großzügigen „Der Rest ist für Sie!" ganze 10 Cent Trinkgeld gab. Oder das eine oder andere Herpesbläschen an der Lippe. Andererseits habe ich überhaupt kein Problem, mich vor einem riesigen Publikum zum Affen zu machen, sehr direkt auch unpopuläre Meinungen zu äußern oder in Gesellschaft loszuheulen.

Ihnen fallen bestimmt andere für Sie peinliche Momente ein. Unterschiedlichen Menschen sind eben unterschiedliche Dinge unangenehm. Das ändert sich zudem je nach Tagesform. Und es ändert sich meistens mehrfach im Lauf des Lebens. Nicht unbedingt mit fortschreitendem Alter, eher durch unser Selbstbewusstsein und durch unser Umfeld. Eine Situation wird erst „blamabel", wenn wir sie als peinlich bewerten.

Wenn eine Situation erst durch unsere Bewertung peinlich wird, brauchen wir nur zu lernen, sie anders zu bewerten.

Eins ist sicher: Sie und ich – wir werden uns noch oft blamieren! Fettnäpfchen, unabsichtliche Zweideutigkeiten, Missgeschicke ... all das gehört einfach zum Leben dazu. Wir können nicht alles und jeden kontrollieren. Selbst wenn das ginge, würden wir uns jegliche Spontaneität nehmen. Peinliche Situationen bieten uns – und anderen – nämlich auch jede Menge: herzhafte Lacher, wichtige Lektionen (fürs nächste Mal dann!) und die Gelegenheit, daran zu wachsen. Was uns nicht umbringt, macht uns stärker, sagte schon Nietzsche. Recht hat er! Blamagen haben noch niemanden umgebracht. Auch wenn es die heftigeren Kaliber gibt, von denen wir uns nie mehr zu erholen glauben.

Weil wir gerade bei Wahrheiten sind:

1. Wenn Peinlichkeiten zum Leben dazugehören, ist es viel besser, blamable Situationen im Vorbeigehen mitzunehmen, als daraus ein Drama zu machen.

Das Tolle: Durch diese Haltung ist einem von Haus aus viel weniger peinlich. Wenn doch, dann machen Sie einfach keine große Sache draus. Dann ist es gleich vorbei und Sie brauchen keinen weiteren Gedanken daran zu verschwenden.

2. Sie sind kein Zeitreisender, auch wenn Sie es sich noch so sehr wünschen.

„Hätte/wäre/sollte" ändert gar nichts. Passiert ist passiert! Wenn mir etwas Blödes passiert und ich mich beim Hadern erwische, sage ich zu mir: „Gitte, kannst du die Zeit zurückdrehen?" – „Nein." (Ja, ich antworte mir auch!) Das bringt mich zum Lachen und ich komme sofort wieder ins Hier und Jetzt, wo ich aktiv mit der Situation umgehen kann.

3. In peinlichen Situationen sind manche körperliche Reaktionen unvermeidlich.

Wenn Ihnen vor Schreck, Scham oder Wut die Wangen rot anlaufen, Sie ins Stammeln kommen oder sich Ihre Stimme unkontrolliert überschlägt, wenn die Hände unaufhaltbar zittern ... Derlei Reaktionen kann man nicht mal eben unsichtbar machen. Also besser keine Energie damit verschwenden, es zu versuchen.

Hosen runter! – Was ist Ihnen überhaupt peinlich?

Sie kennen das ja mit diesen Ratgebern: Immer soll man über sich nachdenken, weil man dann mehr vom Lesen hat. Dieses Buch macht da keine Ausnahme. Aber ich mache es Ihnen wirklich leicht! Zum einen dürfen Sie gleich einen unterhaltsamen Ankreuz-Selbsttest machen. Der tut nicht weh, macht sogar Spaß. Und am Ende haben Sie schwarz auf weiß, was Ihnen ganz besonders peinlich ist.

Das wissen Sie schon? Mag sein, aber ich verfolge ein bestimmtes Ziel damit, wie Sie beim Durchblättern des Buches gesehen haben. Ich habe die unterschiedlichen Situationen, die Peinlichkeitspotenzial mit sich bringen, in verschiedene Kategorien aufgeteilt. Dadurch sehen Sie einerseits, dass Ihnen keineswegs alles peinlich ist! Die Chancen stehen sehr hoch, dass Sie so manches im Leben bereits souverän meistern ... oder, noch besser, dass Ihnen einiges, was andere Leute in den Erdboden versinken lässt, überhaupt nichts ausmacht.

Aber hey: Selbst wenn Sie jede Situation im folgenden Selbsttest ankreuzen und Ihnen schon der bloße Gedanke daran die Schamesröte ins Gesicht treibt, ist alles gut! Sie bekommen im Anschluss vier ultimative Werkzeuge an die Hand und lernen deren vier kontraproduktivste Gegenspieler kennen. Sie brauchen nur die einen zu nutzen und die anderen zu vermeiden. Schon sind Sie Meister/-in der Souveränität.

Selbsttest

Schnappen Sie sich einen Stift. Lassen Sie uns herausfinden, was Ihnen ganz besonders unangenehm ist! Gleich konfrontiere ich Sie mit 30 Situationen. Versetzen Sie sich in die jeweilige Lage und fragen Sie sich: Wie wäre das für mich? Wäre mir das wirklich peinlich oder ist das keine große Sache? Viele Situationen sind Ihnen vielleicht durchaus unangenehm, aber Sie wissen: Damit komme ich schon klar, damit kann ich umgehen. Solche „Geht schon, auch wenn es mir ganz schön unangenehm wäre"-Situationen kreuzen Sie bitte nicht an! Machen Sie nur dann ein Kreuz, wenn Sie das Gefühl haben, in so einer Situation hätten Sie sich **so richtig blamiert.**

Situationen, die Ihnen wirklich egal wären oder die Sie sogar amüsant fänden, können Sie bunt anmalen, dann das Fenster aufreißen und laut in die Nachbarschaft rufen: „Anderen ist so was peinlich! MIR macht das gar nichts aus! Yippie!"

- ☐ Der neue Freund einer Freundin ist offenbar sehr von sich eingenommen, denn alles, was aus seinem Mund kommt, sind ausschließlich Lobeshymnen auf sich selbst. **A**

- ☐ Während des Meetings haben Sie jede Menge Mineralwasser getrunken. Als Sie an der Reihe sind, über Ihr Projekt zu berichten, öffnen Sie den Mund und ... rülpsen! **F**

- ☐ Auf einem Familienfest lassen Sie sich über Arbeitslose aus, die lieber Geld vom Staat kassieren. Die Runde wechselt betretene Blicke. Einer der Anwesenden hat vor Monaten seinen Job verloren und findet nichts. **D**

- ☐ Sie haben eine Verabredung unter dem Vorwand abgesagt, dass es Ihnen nicht gut geht. Tatsächlich wollten Sie alleine zum Bummeln. Während Sie eine Shoppingpause einlegen, betritt die betreffende Person das Café. **C**

☐ Sie sind in einer wichtigen Verhandlung mit einem Kunden gedanklich abgedriftet, was Sie erst merken, als Ihr Gegenüber schweigt und Sie erwartungsvoll ansieht. Sie haben keine Ahnung, worum es geht! **B**

☐ Ein Freund hat seinen Job verloren. Sie versprechen hoch und heilig, ihm über einen anderen Freund, der Personalleiter ist, einen Job zu verschaffen. Der Freund ist erleichtert. Doch der Personalleiter-Freund lehnt ab. **E**

☐ Als Sie Ihr Büro betreten, erzählt die Kollegin gerade, dass einer der Anwesenden ihr netterweise die Winterreifen gewechselt hat. Sie sagen: „Machst du's mir auch?" **D**

☐ Immer, wenn Sie mit Familie oder Freunden Wissensspiele spielen, können Sie nur die Entertainment-Fragen beantworten. Bei alle anderen Antworten, die mit einer guten Allgemeinbildung zu tun haben, müssen Sie passen. **B**

☐ Sie sind zum Essen bei den Nachbarn eingeladen. Der Gastgeber isst die ganze Zeit mit seiner Gabel direkt aus den Servierschüsseln, leckt sie ab und versenkt sie wieder ins Essen. **A**

☐ Sie beklagen sich heftig über eine Kollegin, die immer unzuverlässiger wird: Sie macht andauernd Fehler, telefoniert privat und hält Termine nicht ein. Mitten in Ihrer Schimpftirade merken Sie, dass die Frau hinter Ihnen steht. **C**

☐ Sie halten eine Rede vor einem größeren Publikum. Mittendrin wissen Sie nicht mehr, was Sie sagen wollten! Sie reden noch ein wenig weiter, aber es wird deutlich, dass Sie komplett den Faden verloren haben. **F**

☐ Ein Verwandter baut ein Haus. Sie haben ihm im Vorfeld zugeredet und ihm versprochen, viele der Installationen mit ihm zu machen, um die Kosten zu senken. Jetzt konfrontiert Ihr Verwandter Sie damit, dass Sie nie Zeit haben. **E**

- [ ] Kollegen unterhalten sich über eine hochaktuelle politische Situation. Bestens informiert diskutieren sie über die brisante Lage. Sie hingegen haben keine Ahnung. Genau jetzt fragt man Sie um Ihre Meinung. **B**

- [ ] Sie sitzen in einem Café. Am Nebentisch streitet sich ein Pärchen und wirft sich laut dreckige Wäsche an den Kopf. Alle erfahren, dass der Mann mit der Schwester fremdgegangen ist und die Frau seit Jahren keinen Sex mehr will. **A**

- [ ] Schon vor Wochen hat Ihr Chef Ihnen eine Aufgabe gegeben. Da diese zeitaufwendig ist und Sie Infos recherchieren müssen, haben Sie sie vor sich hergeschoben. Eben kam die E-Mail, dass die Ergebnisse morgen fällig sind. **C**

- [ ] Nach langer Zeit treffen Sie im Vorbeigehen eine alte Bekannte wieder. Gut sieht sie aus, sie strahlt richtig! Freudig fragen Sie sie, wann es „denn so weit ist". Ihrer Bekannten fällt das Gesicht runter. Sie ist nicht schwanger. **D**

- [ ] Kurz vor Ladenschluss hetzen Sie in den Supermarkt. Alles ist voll und eng. Im Trubel vor den Kassen stoßen Sie mit Ihrem Einkaufswagen gegen ein aufgetürmtes Warendisplay: Alles kracht zu Boden. **F**

- [ ] Sie erzählen einen in Ihren Augen harmlosen Witz über einen „schwulen Adler" weiter. Statt zu lachen, schauen alle betreten, sobald Sie das Wort „schwul" aussprechen. **D**

- [ ] Sie haben sich endlich ein Herz gefasst und Ihrem Schwarm Ihre Gefühle gestanden. Er/sie reagiert schockiert. Auch wenn die Reaktion freundlich ist, ist offensichtlich, dass Ihre Gefühle nicht erwidert werden. **E**

- [ ] Das Gerät, das Sie gekauft haben, funktioniert nicht. Stinksauer fahren Sie zurück in den Laden und beschweren sich **C** lautstark. Als der Verkäufer das Gerät prüft, stellt sich heraus, dass Sie einen Bedienfehler gemacht haben.

☐ Zufällig treffen Sie auf einen weitläufigen Bekannten, der sofort sieht, dass es Ihnen nicht gut geht, und Sie fragt, ob Sie jemanden zum Reden brauchen. Plötzlich platzen lauter hoch intime Dinge aus Ihnen heraus. **E**

☐ Mittags gab's Spaghetti! Jetzt prangt ein greller Tomatensoßenfleck auf Ihrem Business-Outfit. Umziehen oder verdecken geht nicht. Ausgerechnet heute reihen sich drei Kunden-Termine aneinander. **F**

☐ Auf einer Familienfeier bittet Sie eine Cousine, die weiß, dass Sie gut singen können, um ein Ständchen. Sie möchten nicht vor allen auftreten. Die Cousine verkündet daraufhin laut, dass Sie wohl gebeten werden wollen. **C**

☐ In einer Besprechung fällt ein Fremdwort, das Sie nicht kennen. Es stellt sich heraus, dass die Bedeutung entscheidend dafür ist, dem Gespräch zu folgen. Sie müssten nachfragen, obwohl Sie seit 10 Minuten wissend nicken. **B**

☐ Ein Kollege moniert, dass Sie eine Arbeit noch nicht erledigt haben. Sie scherzen „Alzheimer lässt grüßen!", und bemerken dann den verletzten Blick Ihres Gegenübers. Der Vater des Kollegen ist an Alzheimer erkrankt. **D**

☐ Um einen Auftrag zu ergattern, haben Sie dem Kunden einen schnellen Liefertermin fest zugesagt. Zurück in der Firma erfahren Sie von der Produktion, dass dieser Termin nie eingehalten werden kann. **E**

☐ Sie besuchen mit einem Freund eine Vernissage. Dieser lacht die ganze Zeit und deklamiert, dass sein kleiner Sohn das besser malen könnte, was daran Kunst sei und wie lächerlich ernst und „pseudo" alle tun. **A**

- [ ] Bei einem Essen mit Freunden wird Ihnen jemand vorgestellt. Sie kommen ins Plaudern und merken dabei mehr und mehr, dass Ihnen Ihr Gegenüber gefällt. Sie spüren, dass Ihre Wangen deutlich anfangen zu glühen. **F**

- [ ] Sie hatten eine ausführliche Einweisung in das neue Computersystem, haben aber vieles noch nicht verstanden. Wegen der gleichen Sache haben Sie schon zweimal einen Kollegen um Hilfe gefragt und stecken jetzt erneut fest. **B**

- [ ] Eine liebe Kollegin von Ihnen verwendet bevorzugt Fremdwörter, allerdings kennt sie leider die richtige Bedeutung nur sehr selten. Ein Großteil ihrer Sätze ist unverständlich oder unfreiwillig komisch. **A**

Zählen Sie jetzt die Buchstaben zusammen: Wie oft haben Sie A, B, C, D, E und F angekreuzt?

	Anzahl:	Hier finden Sie mehr zu den Themen, die besonders relevant für Sie sind:
A		→ Mehr zum Fremdschämen im Anschluss.
B		→ In Kap. 5 gehen wir ausführlich auf Ahnungslos-Situationen ein.
C		→ In Kap. 6 erfahren Sie, wie Sie im Ertappt-Fall reagieren können.
D		→ In Kap. 7 geht es um Fettnäpfchen.
E		→ In Kap. 8 geht es darum, sich zu weit aus dem Fenster zu lehnen.
F		→ In Kap. 9 dreht sich alles um sichtbare Peinlichkeiten.

2. Fremdschämen

Uns geht's wohl zu gut! Wenn wir uns nicht selbst blamieren, schämen wir uns stellvertretend für andere. Aber schauen wir da mal näher hin. Fremdschämen hat nämlich verschiedene Gesichter:

„Das tut man nicht!"

„Der Arme!"

„Geschieht ihr recht!"

„Das färbt auf mich ab!"

1. „Das tut man nicht!" – Der Clash mit dem eigenen Verhaltens- und Wertemaßstab

Denken Sie an die Frau mit dem dreckigen Löffel. Oder was ist, wenn jemand lautstark beim Handytelefonieren sein Privatleben ausbreitet? Darf man jemanden offen nach seinem Gehalt fragen oder danach, welche politische Partei er wählt? Darf eine Frau mit dicken Beinen Minirock tragen oder würden Sie das nie tun? Ist runterhandeln fragwürdig? Oder ist es etwa peinlich, wenn man zu offenkundig mit jemandem flirtet?

„Das tut man nicht!" orientiert sich an eigenen Normen, Werten und dem individuellen Verhaltenskodex. Wir sind aber nicht das Maß aller Dinge! Selbst wenn sich „die Gesellschaft" auf ein bestimmtes Verhalten verständigt, so heißt das noch lange nicht, dass alles außerhalb dieser Norm ungehörig ist. Wohlgemerkt: Wir reden hier von Peinlichkeitsgefühlen, nicht von Grenzverletzungen.

2. „Das färbt auf mich ab!" – Der gefürchtete Imageschaden

Sie sind im Urlaub mit peinlichen Landsleuten konfrontiert: weiße Socken in Sandalen, schon vor dem Frühstück werden Liegestühle mit Handtüchern blockiert und beim Essen wird gemeckert. – Oder Sie sind mit einem Kollegen beim Businesslunch und dieser spricht während des Essens nonstop mit vollem Mund. Findet der Kunde, dass Sie auch keine Manieren haben?

Wenn sich jemand in unserer Nähe peinlich verhält, besonders, wenn wir gemeinsam mit dieser Person unterwegs sind, fürchten wir schnell mal, dass die Peinlichkeit auf uns abfärbt: „Die Leute denken, ich bin auch so/heiße das gut/gebe mich mit so jemandem ab!" Das kann, wie im Urlaubsbeispiel, so weit gehen, dass wir das Gefühl haben, dass eine bestimmte „Gruppierung" durch die peinliche Situation in ein schlechtes Licht gerückt wird: Berufsstand, Mütter/Väter, Frauen/Männer, reich/arm, dick/dünn ...

3. „Der Arme!" – Mitfühlen und mitleiden

Es gibt Fremdschämen auch auf eine eigentlich positive Art: Erlebt man mit, wie jemand sich so richtig blamiert, kann man auch mitfühlen. Denken Sie an die vielen Castingshows im Fernsehen. Manche Menschen sehen sich die Kandidaten, die so gar nichts können, mit Schadenfreude an. Aber vielleicht gehören Sie zu denen, die regelrecht mitleiden: „Oh mein Gott! Er macht sich zum Gespött. Ich kann gar nicht hinsehen! Wieso haben Familie und Freunde ihn nicht davor beschützt?"

Auch hier spielt unser eigener Maßstab eine Rolle. Das, was passiert, muss der anderen Person überhaupt nicht peinlich sein. Ganz im Gegenteil! Sagen wir, ein Freund von Ihnen spielt in einem Laientheater mit. Bei der Premiere verhaspelt er sich erst und vergisst dann seinen Text komplett. Sie sitzen im Publikum und sterben! Ihr Freund aber nimmt es locker und überspielt den kleinen Blackout.

Wenn eine Situation für uns selbst sehr peinlich wäre, fühlen wir diese Peinlichkeit auch ausgeprägt – unabhängig davon, wie die betroffene Person damit umgeht.

4. „Geschieht ihr recht!" – Wenn die Schadenfreude mitschwingt
Wenn wir das Gefühl haben, dass jemand selbst schuld ist, sich aus Dummheit oder Absicht in eine peinliche Situation gebracht hat, oder finden, dass ein Denkzettel angebracht ist, wird das Fremdschämen schon mal von Schadenfreude begleitet. Dann finden wir gerade das, was wir bei eigener Blamage scheuen, ganz wunderbar, denn jetzt bekommt der andere die Quittung. Das „Geschieht ihm/ihr recht" ist mitunter einfach ein erleichtertes „Zum Glück passiert das gerade nicht mir!". Schadenfreude hat natürlich sehr, sehr viel mit sozialer Kompetenz und der eigenen Selbstsicherheit zu tun.

Was hat das aber mit uns zu tun?

Wenn sich andere Menschen blamieren, könnte uns das völlig egal sein. Und doch prallt ein Verhalten, das wir als total peinlich empfinden, nicht einfach an uns ab. Dafür sind hauptsächlich vier Faktoren verantwortlich:

- **Empathie:** Die Fähigkeit, sich in andere hineinzuversetzen, nachvollziehen zu können – oder es gar zu fühlen –, was das Gegenüber fühlt. Je sensibler Sie für die Befindlichkeiten anderer sind, desto feiner sind Ihre Antennen, wenn andere sich (vermeintlich) blamieren. Aber Achtung: Hier kommt es oft zu einer Wechselwirkung. Manche Menschen fangen ziemlich gut auf, wie sich andere tatsächlich fühlen, aber man überträgt in solchen Situationen auch schnell die eigenen Ängste und Befürchtungen auf den anderen.

- **Gruppenzugehörigkeit:** Je mehr Sie sich einer bestimmten Gruppe zugehörig fühlen, desto intensiver ist das Gefühl, von peinlichem

Verhalten anderer mitbetroffen zu sein. Das kann eine tatsächliche „Gruppe" sein, etwa Ihre Familie, eine Firma oder ein Verein. Es kann aber auch eine größer gefasste Zugehörigkeit sein: etwa die Landsleute, die sich am Urlaubsort peinlich verhalten und damit ein negatives Bild von „den Deutschen" vermitteln. Oder wenn sich jemand Ihres Berufsstandes ungut verhält oder es eine sonstige verbindende Eigenschaft gibt, Sie zum Beispiel wohlhabend sind und sich jemand Neureiches peinlich verhält oder sich eine Kollegin im Meeting wie eine Dramaqueen aufführt und Sie befürchten, dass wieder mal alle Frauen in einen Topf geworfen werden.

- **Intoleranz:** Je weniger Sie Eigenarten, Meinungen, Lebens- und Verhaltensweisen ertragen können, die andersartig sind, desto mehr ist Ihnen peinlich. Dabei kann sich die Intoleranz auf Ihren eigenen Werte- und Verhaltensmaßstab beziehen, es kann aber auch sein, dass Sie sich sehr strengen, angenommenen gesellschaftlichen Normen unterwerfen. Das sind oft anerzogene Regeln, etwa, dass Fragen generell als „neugierig" gelten oder es als peinlich gilt, wenn man zugeben müsste, etwas nicht zu wissen.

- **Urteilsverhalten:** Dieser Aspekt ist besonders spannend, denn je drastischer man über andere urteilt, desto mehr werden die Gelegenheiten, sich für andere zu schämen. Menschen, die sehr stark darauf schielen, was andere richtig oder falsch machen, sind in einer Tour am Bewerten. Sie kommentieren, (ver)urteilen oder lästern. Hier kommen dann leider schnell auch Häme und Schadenfreude ins Spiel.

Testen Sie Ihr Fremdschäm-Potenzial

Tragen Sie auf der Werteskala jeweils ein, wie ausgeprägt Sie sich in diesen vier Fremdschäm-Faktoren einschätzen. 10 = sehr ausgeprägt, 1 = wenig ausgeprägt.

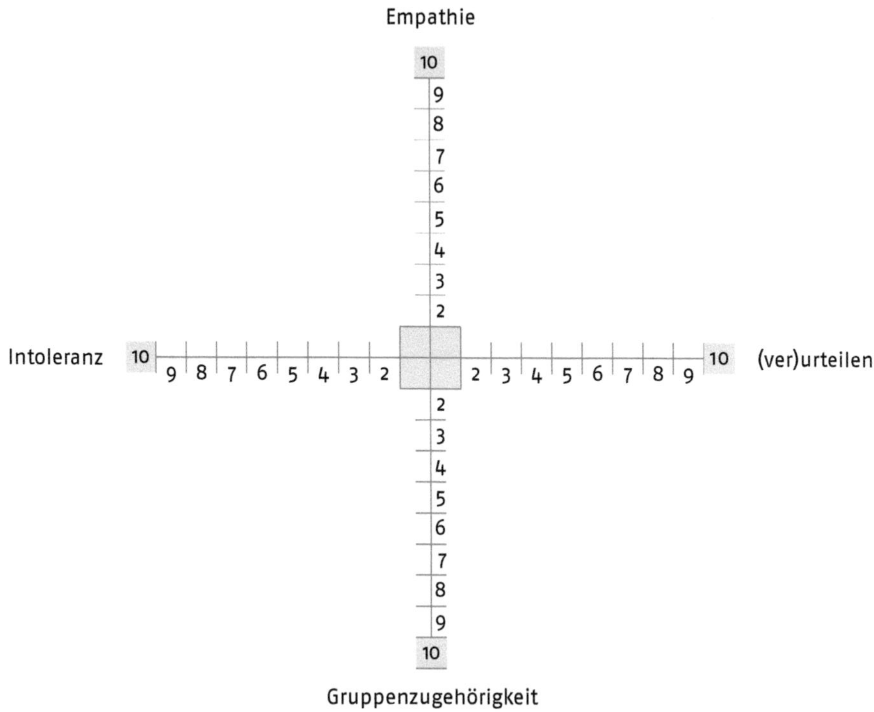

Verbinden Sie anschließend die vier Ankreuz-Punkte miteinander. Je größer die Fläche ist, die sich ergibt, desto höher ist Ihr individuelles Fremdschäm-Potenzial.

Fremdschämen schürt auch das eigene Peinlichkeitsempfinden. Wer bei anderen dauernd „Makel" entdeckt (und stellvertretend im Boden versinkt), geht davon aus, dass andere genauso streng urteilen.

Gerade das Fremdschämen ist ein wunderbares Übungsfeld, um Ihr Selbstmanagement zu verbessern. Das wiederum stärkt Sie und nützt Ihnen damit auch wieder für das selbstbewusste Blamieren. Mehr dazu, wie Sie sich besser selbst managen können, gleich im vierten Kapitel.

3. Die Anti-Blamier-Formel

An die allererste richtig große Blamage meines Lebens kann ich mich noch gut erinnern. Ich war acht Jahre und in einem Judo-Kurs mit Kindern verschiedener Altersstufen. In der Fallschule sollten wir eine gesprungene Rolle über ein auf dem Boden kauerndes Kind machen. Ich nahm Anlauf – und sprang mit beiden Beinen aufrecht drüber. Alle lachten. Ich habe gar nicht genau verstanden, was da passiert war. Denn in meinem Kopf wollte ich eine Rolle machen. Aber mein Körper blieb einfach aufrecht.

Als Kind haben wir nicht so viele Werkzeuge zur Verfügung wie als Erwachsene. Wir sehen Situationen in jungen Jahren sehr viel einseitiger und drastischer. Später, wenn wir größer sind, können wir uns und Situationen differenzierter analysieren, wie können mehr bewusst steuern und haben die Logik zur Verfügung, etwas einzuordnen. Zumindest theoretisch. Dass Sie sich dieses Buch gekauft haben, zeigt, dass Sie mit einigen Dingen noch nicht so gut umgehen können. Das macht gar nichts! Denn nur weil uns als Erwachsene grundsätzlich mehr Möglichkeiten zur Verfügung stehen, heißt das nicht, dass wir sie auch nutzen. Besonders bei emotional besetzten Themen kommen viele ins Schleudern.

Ich habe mir daher den Kopf zermartert, wie ich Ihnen das selbstbewusste Blamieren möglichst einfach machen kann. Es geht um diese simple Rechnung:

× Selbstmanagement

= selbstbewusst blamieren

Das ist alles, was Sie brauchen, um sich ab heute selbstbewusst(er) zu blamieren!

Von der Defensive zur Offensive

Genau die Verhaltensweisen, die wir reflexartig zeigen, wenn uns etwas peinlich ist, machen alles nur noch schlimmer: Sie betonen die Blamage. Sie machen uns zum Opfer. Sie lassen uns schlecht aussehen. Das kommt daher, dass alle diese Automatismen defensiv sind. Wir versuchen, uns herauszuwinden, uns zu wehren oder sind ganz klein mit Hut.

Wenn Sie sich hingegen selbstbewusst blamieren können, gehen Sie in die Offensive:

- Sie übernehmen die Kontrolle über die Situation.
- Sie sorgen dafür, dass keine große Sache draus wird.
- Sie wirken nicht nur souverän, sondern werden tatsächlich innerlich gelassener.

Das Beste an der Offensive ist, dass Sie viele Situationen mit Blamagepotenzial von vornherein abfangen. Klingt gut, was? Also los:

defensiv

Abwiegeln

Beim Abwiegeln gehen Sie zwar auf den Vorfall ein, Sie wollen sich jedoch gleichzeitig herauswinden. Die Folge: Sie gehen nicht damit um, sondern versuchen, die Peinlichkeit zu umgehen. Dieses Drücken vor der Verantwortung lässt Sie zusätzlich schwach erscheinen.

Das Abwiegeln zeigt sich in diesen drei Verhaltensweisen:

■ Rechtfertigen

Beim Rechtfertigen versuchen Sie, einen Grund zu liefern, warum Sie gar nicht anders konnten. Das ist das Gegenteil von Selbstverantwortung! Handelt es sich um eine Lappalie, wundert sich Ihr Gegenüber über die unnötig verkniffene Reaktion. Ist etwas Gravierendes geschehen, fühlt sich der andere nicht ernst genommen, wenn Sie sich in Rechtfertigungen ergehen.

■ Ausflüchte und Lügen

Noch schlimmer sind Ausflüchte: Sie geben etwas vor, um die Sache ungeschehen zu machen oder sie zu entschuldigen (nicht zu verwechseln mit einer aufrichtigen Entschuldigung!). Eine Lüge bringt drei Probleme mit sich: Erstens laufen Sie Gefahr, ertappt zu werden. Zweitens konservieren Sie, wenn Sie damit durchkommen, Ihre defensive – feige – Haltung. Und drittens werden Sie als Lügner abgestempelt.

■ Gegenangriff

Menschen, die sich in die Ecke gedrängt fühlen, werfen gerne mal eine Nebelbombe, die von sich selbst ablenken soll. Manche wechseln das Thema, aber noch populärer ist der Gegenangriff: „Du hast aber ...!“, „Willst dich wohl zum Chef aufspielen?“, „Ja-ja, die Takt-Polizei ist wieder unterwegs!“. Nichts funktioniert besser als Ablenkungsmanöver als ein persönlicher Angriff, denn den will man natürlich nicht auf sich sitzen lassen.

Den Stier bei den Hörnern packen

Sie stehen zu dem, was geschehen ist, und übernehmen die volle Verantwortung dafür: Sie warten nicht, bis jemand etwas sagt. Sie lassen die Situation nicht sich entwickeln. Sie wiegeln nicht ab. Hier ist Ihnen etwas Blödes passiert. Das ist jetzt so gelaufen, und Sie gehen damit um!

offensiv

Den Stier können Sie auf diese drei Arten an den Hörnern packen:

- **Etwas zugeben**

Bevor jemand Sie auf eine Peinlichkeit hinweist, werden Sie selbst aktiv: Damit lassen Sie der Sache erst gar keinen großen Raum und greifen unguten Reaktionen vor. Besonders wirksam ist dieses Vorgehen bei Fehlern und Taktlosigkeiten. Je gravierender der Vorfall, desto mehr Achtung ist Ihnen sicher, wenn Sie dazu stehen, was Sie gesagt oder getan haben.

- **Klug fragen**

Es gibt Situationen, bei denen wir nicht ganz sicher sind, ob wir uns ungut verhalten haben oder nicht. Dann erschrecken wir innerlich und geraten ins Grübeln. Oder wir interpretieren etwas in den anderen hinein. Manchmal merken wir an einem Blick, einer Mimik, Geste, einem Tonfall oder Kurzangebundenheit, dass etwas tatsächlich nicht stimmt. Wer klug ist, fragt direkt nach. Das verhindert innere Unsicherheit und die gefürchtete Gedankenmühle.

- **Sich entschuldigen**

Eine Entschuldigung ist bei vielen Peinlichkeiten ein guter Weg, etwa wenn man Sie bei etwas ertappt hat oder Sie sich wie ein Elefant im Porzellanladen benommen haben. Aber: Eine Entschuldigung muss aufrichtig gemeint und konkret ausgesprochen werden. Wichtig: Einmal richtig entschuldigen reicht völlig. Machen Sie kein Drama draus, indem Sie sich wieder und wieder entschuldigen.

Das Spotlight darauf richten

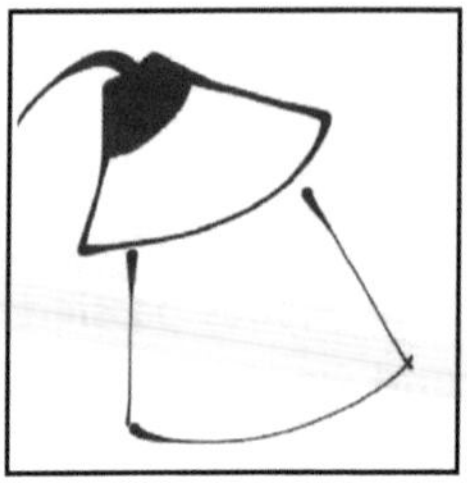

Oft greifen andere eine potenziell peinliche Situation nur deshalb auf, weil Sie selbst das Spotlight auf den Fauxpas richten! Würden Sie ganz normal weitermachen, könnten Sie die Peinlichkeit gezielt umschiffen ... zumindest verkleinern, sodass der Vorfall gar nicht groß zum Thema wird.

Mit diesen drei Verhaltensweisen richten Sie das Spotlight erst recht auf die Peinlichkeit:

- **Aufbauschen**

„Oh mein Gott, jetzt habe ich ...“, „Sicher denken Sie jetzt ...“, „Wie konnte ich nur!“ – Das sind typische Aufbausch-Reaktionen. Statt einen Versprecher, eine Taktlosigkeit oder ein Missgeschick zu akzeptieren und damit umzugehen, blasen Sie die Sache auf. Auch diejenigen, die es (noch) gar nicht mitbekommen haben, wissen jetzt Bescheid und denken: „Offenbar muss das was Schlimmes sein, wenn er/sie so ein Theater drum macht.“

- **Verräterische Signale**

Viele potenziell blamable Situationen sind Kleinigkeiten: die versehentlich ausgesprochene Zweideutigkeit, der unabsichtliche Rülpser oder der kleine Fauxpas. Manchmal sind sich andere gar nicht sicher, ob sie gerade richtig gehört haben oder nicht. Oft verrät uns jetzt ein Stottern, ein erschreckter Blick oder eine unwillkürliche „Ups-Geste“ und wir bringen uns damit selbst aus der Fassung.

- **Schämen**

Klar gibt es Dinge, derer man sich schämt! Hier geht es jedoch um das demonstrative Schämen, das einen peinlichen Vorfall in den Mittelpunkt rückt: Statt sich einfach zu entschuldigen, hacken manche Leute auf sich selbst herum oder reden abfällig über sich. Auch wenn das nur in Gedanken passiert, lenken Sie die Aufmerksamkeit darauf, weil Sie sich aus dem Konzept bringen und Ihre Unsicherheit durchkommt.

Darüber hinweggehen

War da was? Viele Sachen, die Ihnen peinlich sind, merkt kein Mensch, wenn Sie einfach ganz normal weitermachen. Aber Achtung: Schon das kleinste Stutzen kann die Aufmerksamkeit auf Sie ziehen. Denn das Peinlich-Berührtsein sieht man Ihnen an der Nasenspitze an: „Wieso wirst du denn jetzt rot?"

offensiv

Mit diesen drei Verhaltensweisen gehen Sie souverän über die Peinlichkeit hinweg:

- **So tun, als ob nichts war**

Verhält man sich, als wäre nichts gewesen, merken andere oft überhaupt nichts. Sie sind sich zwar bewusst, dass Sie sich gerade versprochen haben oder dass Ihnen unterm Jackett der Hosenknopf abgesprungen ist, aber Sie machen normal weiter im Text. Das klappt, wenn Sie Ihre Körpersprache kontrollieren. Das Einfach-Weitermachen nützt auch, weil Sie anderen keine Gelegenheit zum Einhaken geben, selbst wenn sie diese Peinlichkeit registriert haben.

- **Sich der Situation entziehen**

Manchmal kann man sich buchstäblich aus der Affäre ziehen, indem man engagiert das Thema wechselt oder weggeht. In Filmen sieht man oft, dass jemand vorgibt, dass das Telefon klingelt oder er gerufen wird. Damit das echter aussieht, können Sie sich auch damit retten, dass Sie dringend einen Rückruf erledigen oder zu einem Termin müssen. Solche „Notlügen" sollten aber nur Notbehelf sein. Denn Weggehen ist defensive Offensive. ;-)

- **Sich kurz bedanken**

Es gibt peinliche Situationen, die daraus entstehen, dass man auf etwas hingewiesen wird: Jemand macht Ihnen deutlich, dass Sie sich gerade taktlos verhalten haben, oder zeigt eine Wissenslücke auf. Auch Ertappt-Situationen gehören dazu. In diesen Fällen ist die beste Reaktion oft, sich einfach zu bedanken!

Sich weiter reinreiten

Noch drastischer als das Spotlight ist es, sich verbal so richtig weiter reinzureiten: Anstatt den Mund zu halten – oder sich kurzzufassen –, reden wir uns um Kopf und Kragen. Das Gemeine: Oft haben wir die beste Absicht, etwas zu erklären oder Wiedergutzumachen, und schießen uns damit ein Eigentor.

Mit diesen drei Verhaltensweisen reiten Sie sich garantiert weiter rein:

- **Auf einer Sache beharren**

Sie haben etwas getan, auf das man Sie hinweist, aber jetzt beharren Sie auf irgendeinem Detail: Das war nicht genau so, sondern ein wenig anders. Oder Sie haben sich einer Ausflucht – oder gar Lüge – bedient und schmücken diese jetzt immer weiter aus, ziehen andere „als Zeugen" heran. Das macht alles nur noch schlimmer, weil Sie so nicht nur den Vorfall, sondern auch Ihre uneinsichtige Haltung noch betonen.

- **Etwas ausdiskutieren wollen**

Sie haben etwas gesagt oder getan, worauf man Sie angesprochen hat, aber das wollen Sie jetzt auf keinen Fall auf sich sitzen lassen. Also machen Sie eine Grundsatzdiskussion draus, ob etwas wirklich eine Grenzüberschreitung war. Oder Sie fangen an, den aktuellen Vorfall aufzudröseln: Wie war es denn nun wirklich? Sind alle Facetten gewürdigt? Auf diese Weise erreichen Sie nur, dass Sie unsouverän wie nur was erscheinen.

- **Verunglückte Schadensbegrenzung**

„Ich wollte damit nicht sagen, dass du fett bist. Ich finde es sexy, dass du seit unserer Hochzeit ein paar Kilo mehr auf den Rippen hast!", „Das tut mir leid, dass Sie das in den falschen Hals bekommen haben. Ich meinte nur, dass eine Herzoperation, wenn alles glatt geht, keine große Sache ist, während eine Lungenkrebsdiagnose einem Todesurteil gleichkommt". – Sie haben etwas nicht so gemeint, aber der Erklärungsversuch ist noch übler.

Die Kurve kriegen

Nun ist es schon passiert. Andere haben mitbekommen, dass Sie gerade etwas Blödes gesagt oder getan haben. Viele blamable Situationen können Sie virtuos abbiegen.
Der Clou dabei: Sie gehen auf den Vorfall zwar ein, aber erledigen ihn im selben Atemzug auch gleich wieder.

Mit diesen drei Taktiken können Sie meistens die Kurve noch kriegen:

Souverän kommentieren

Ein trockener Kommentar, der den Vorfall anspricht und gleichzeitig abhakt, sichert Ihnen die Bewunderung aller Zeugen. Dabei ist es tatsächlich fast egal, was passiert ist. Der Grund ist, dass Sie mit einem passenden, kurzen Klartext gleich drei Aspekte verbinden: Sie beweisen Selbstverantwortung, Selbstsicherheit und Souveränität. Der souveräne Kommentar ist in diesem Fall die Kombination von „etwas zugeben“ und „darüber hinweggehen“.

Korrigieren

Auch die Korrektur ist mit dem „Darüber-Hinweggehen“ verwandt, nur dass Sie nicht so tun, als sei nichts passiert, sondern Sie berichtigen sich im Vorbeigehen. Das funktioniert besonders gut bei Versehen und Versprechern. Achtung: Die Korrektur ist keine Rechtfertigung, die erneut aufrollt, was vorgefallen ist, sondern es geht um eine kurze Berichtigung, etwa ein „äh ... ich meinte [richtiges Wort]“ – und jetzt nahtlos weitermachen.

Elegant retten

Es gibt Situationen, die könnten kritisch werden, lassen sich aber oft noch abfangen: Sie merken beim Reden, dass Sie gerade einen Satz ungeschickt angefangen haben, und relativieren geistesgegenwärtig Ihre Aussage. Oder Sie haben gerade angefangen, über einen Kunden zu lästern, und merken, dass Sie über etwas sprechen, was auch Ihr Gegenüber tut. Sie machen elegant die Biege auf ein anderes Thema.

defensiv

Beleidigte Leberwurst

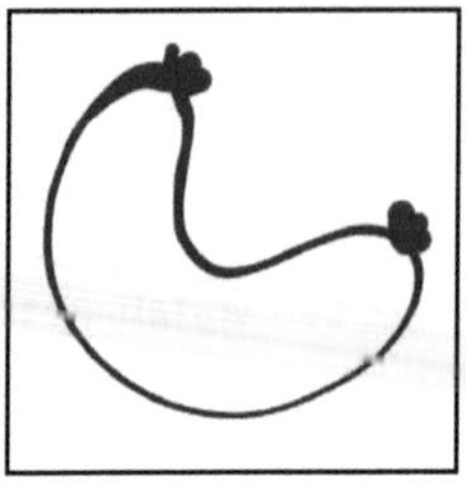

Einen großen Effekt hat es auf uns, wie andere auf eine gefühlte Peinlichkeit reagieren. Oft sind wir doppelt peinlich berührt, weil jemand amüsiert stutzt, sich kaputtlacht oder uns kritisiert. Wenn Sie nun im Affekt eingeschnappt handeln, machen Sie keine gute Figur!

Diese drei Verhaltensweisen zeichnen Sie als beleidigte Leberwurst aus:

■ Schmollen

Das Schmollen kennen wir von kleinen Kindern: Die ziehen demonstrativ einen Flunsch, reden nicht mehr und setzen die vorwurfsvollste Körpersprache ein, die sie können. Auch manche Erwachsene verhalten sich so, gerne mal begleitet von eisernem Schweigen. Fragt man sie, was ist, sagen sie „Nichts!“ und lassen einen gleichzeitig spüren, dass natürlich doch was ist.

■ „Dann eben nicht!“

Ebenfalls kindisch ist die „Dann sag ich gar nichts mehr!“-Haltung. Auch diese wird entweder lautstark proklamiert oder demonstrativ gezeigt. Alle Formen von Eingeschnapptsein schaden Ihnen am meisten, denn sie lassen Sie unerwachsen erscheinen. Sie machen sich zum Opfer. Noch schlimmer: Das Verhalten stachelt andere oft erst an. Die einen reagieren aggressiv, die anderen machen sich eine Gaudi, Sie erst recht zu provozieren.

■ Manipulationsversuche

Die „beleidigte Leberwurst“ ist oft gut darin, einen emotionalen Hebel anzusetzen. Das passiert manchmal ganz bewusst, oft aber auch ohne Absicht. Manipulationsversuche können vielfältig sein: Der zum Abwiegeln gehörende Angriff gehört genauso dazu wie emotionale Appelle à la „Immer bist du so gemein zu mir!“ oder „Du liebst mich nicht, sonst würdest du dich nicht über mich lustig machen“.

Mit Humor nehmen

Nichts ist souveräner, als locker-flockig mit Peinlichkeiten umzugehen. Wer mit und über sich lachen kann, wirkt sympathisch und selbstsicher. Mit Humor gewinnen Sie Herzen und Anerkennung. Vor allem geben Sie Umstehenden die Erlaubnis, mitzulachen. Dann besteht auch keine Fremdschämgefahr.

Diese drei humorvollen Reaktionen sind Ihre Wunderwaffe:

- **Eine Pointe setzen**

Genau wie der Unternehmensberater zu Beginn des Buches, der aus seiner megapeinlichen Vom-Stuhl-fall-Aktion einen herzlichen kollektiven Lachanfall zauberte, können auch Sie es lernen, Pointen zu setzen. Denn das kann jeder, der es schafft, sich nicht zu wichtig zu nehmen. Sie brauchen also kein geborener Komiker zu sein!

- **Mitlachen**

Sie entspannen wirklich jede Situation, wenn Sie über eine Peinlichkeit lachen. Es darf nur nicht unnatürlich oder gequält sein! Das Gute: Wenn Sie „eigentlich“ jemand sind, der sehr humorvoll ist, dann können Sie sogar lernen, nach außen herzlich zu lachen, obwohl Ihnen nicht sooooo danach ist.

- **Selbstironie**

Bei der Selbstironie lachen Sie nicht nur über sich oder setzen irgendeine Pointe, sondern Sie machen explizit – und augenzwinkernd – einen Witz auf Ihre Kosten: „Na gute Nacht! Und so was nennt sich Kommunikationstrainer! Eben sage ich Ihnen noch“ (bedeutungsschwangere, tiefe Stimme) „Strukturieren Sie Ihre Argumente gut!“ (normale Stimme) „und dann rede ich wirres Zeug!“ (betrübtes Kopfschütteln).

Humor heißt nicht, sich zur Witzfigur zu machen.

4. Managen Sie sich! (Teil 1)

Erinnern Sie sich noch an Ihre Teenagerzeit? Das ist eine der peinlichsten Phasen im Leben: Wir werden uns unserer selbst bewusst, sind gehemmter und befangener. Plötzlich schauen wir immer kritischer – mit einem Erwachsenenblick – auf uns und andere. Lustigerweise gibt es gerade in der Jugendsprache einige zentrale Weisheiten zu gutem Selbstmanagement (die Teenies sind sich dessen gar nicht bewusst). Also theoretisieren wir nicht groß rum! Diese drei Sprüche beinhalten alles, was Sie für gutes Selbstmanagement brauchen:

- **„Du Opfer!"**

Schon krass, dass „Opfer" unter Jugendlichen zum Schimpfwort avanciert ist. Für das Selbstmanagement ist das eine gute Erinnerung, sich eben nicht in eine passive Opferhaltung zu begeben: „Ich bin halt so!" – „Andere sind …" – „Ja, aber …" – „Das musste mir ja passieren!" – „Ich kann das einfach nicht." Mit einer Opferhaltung schaden Sie sich immer selbst, weil Sie sich in eine Sackgasse begeben und glauben, nichts (dagegen) tun zu können. Die wichtigste Grundlage, sich selbst zu managen, ist es jedoch, handlungsfähig zu bleiben.

- **„Mach dich locker!"**

Das sagt sich leicht mit der Handlungsfähigkeit, ich weiß. Selbst wenn Sie sich vornehmen, nicht passiv zu sein – und sich zum Beispiel peinlichen Situationen künftig offensiv zu stellen, gilt es erst einmal, die innere Anspannung in den Griff zu bekommen. Wir alle haben gerade in schwierigen Situationen heftig mit unseren Gefühlen zu tun. Je schlimmer wir etwas empfinden, desto negativer die Gefühle. Wir bekommen die Krise und steigern uns oft richtig rein ... und genau damit stellen wir uns selbst ein Bein.

Das Lockermachen ist deswegen die zweite wichtige Grundlage. Das geht nicht „mal eben“, also erwarten Sie bitte nicht, dass Sie plötzlich total cool sind. Das ist ein Prozess. Die Gelassenheit und der Humor, von der wir hier im Buch immer wieder auf verschiedene Weise sprechen, sind die besten Helfer, sich locker zu machen. Für den Ernstfall hilft auf jeden Fall schon mal eine innere Handbremse: Sagen Sie sich in Gedanken „Mach dich locker!“ und atmen Sie einmal ganz tief ein und komplett aus. So unterbrechen Sie schon mal das Reinsteigern und Sichverrücktmachen und schaffen die Grundlage für den nächsten Schritt.

■ „Was geht ab?“

Nüchtern würden man sagen: Analysieren Sie sich und die Situation. „Was geht ab?“ ist doch gleich viel eingängiger. Dabei helfen Ihnen diese Fragen:

Was?
... passiert mit mir?
... greift mich an?
... stört mich gerade?

Wann?
... in welcher Tagesform/Phase?
... im Zusammenhang mit welchen Leuten?
... an welchem Ort und unter welchen Umständen?

Wie?
... geht es mir?
... verhalte ich mich dann?
... könnte ich anders/besser damit umgehen?

Wichtig dabei ist, dass Sie ganz neugierig beobachten, so als ob Sie interessiert einen Käfer betrachten. Nicht bewerten, nicht auf sich oder anderen herumhacken, nur sich selbst zuschauen.

Wir können das Leben nicht kontrollieren, aber wir können uns besser kennenlernen: Je mehr wir wissen, wie wir ticken, desto eher sind wir in der Lage, handlungsfähig zu bleiben.

Wenn Sie das nächste Mal in eine Lage kommen, die Ihnen missfällt oder in der Sie sich schlecht fühlen, erinnern Sie sich an diese drei Sprüche:

- Du Opfer!
- Mach dich locker!
- Was geht ab?

Positiver Nebeneffekt: Sie bringen sich damit vermutlich direkt selbst zum Schmunzeln. Und lachen ist immer gut, weil es sofort entspannt. Wenn Sie das beherzigen, dann ist das schon die halbe Miete fürs Selbstmanagement!

Teil 2 zum Selbstmanagement finden Sie im dritten Buchteil, wenn es um die Courage und das Weiterentwickeln geht.

Tu dies:

Nicht das:

Den Stier bei den Hörnern packen:

- etwas zugeben
- klug fragen
- sich entschuldigen

Abwiegeln:

- sich rechtfertigen
- Ausflüchte und Lügen gebrauchen
- Gegenangriff starten

Darüber hinweggehen:

- so tun, als ob nichts war
- sich der Situation entziehen
- sich kurz bedanken

Das Spotlight darauf richten:

- aufbauschen
- verräterische Signale senden
- sich schämen

Die Kurve kriegen:

- souverän kommentieren
- korrigieren
- Situation elegant retten

Sich weiter reinreiten:

- auf einer Sache beharren
- etwas ausdiskutieren wollen
- verunglückte Schadensbegrenzung vornehmen

Humor zeigen:

- eine Pointe setzen
- mitlachen
- Selbstironie beweisen

Beleidigte Leberwurst spielen:

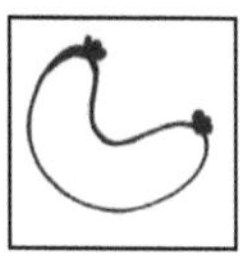

- schmollen
- „Dann eben nicht!“
- Manipulationsversuche starten

Teil 2

Die Anti-Blamier-Formel in der Praxis

Ahnungslos

Kalt erwischt

In den Fettnapf getreten

Zu weit aus dem Fenster gelehnt

Sichtbar peinlich

5. Ahnungslos

„Herr Dr. Meier ist wirklich eine Konifere!"

Etwas nicht zu wissen, setzen wir gerne mit „Blödheit" gleich. Vielleicht steckt uns allen da auch noch ein wenig die Schule in den Knochen, wo man vor allen etwas wissen sollte, weil sonst eine Rüge oder schlechte Note winkte. Nun ist Ahnungslosigkeit per se nicht peinlich, aber wenn Sie es selbst als Defizit ansehen, wird es ganz schön unangenehm.

Wenn Sie im Selbsttest in Kapitel 1 oft „B"-Situationen angekreuzt haben, ist es schlimm für Sie, wenn Sie vor anderen zugeben müssen, etwas nicht zu wissen. Das führt häufig leider auch zum Vermeidungsverhalten: Anstatt direkt nachzufragen, wartet man ab, überspielt und muss gleichzeitig befürchten, dass man mit etwas Zeitverzögerung doch als nichtwissend entlarvt wird. Was in der Regel noch peinlicher ist, wenn andere merken, dass man schon die ganze Zeit ahnungslos war und stillschweigend nickend so getan hat, als sei alles klar. Das kann bis zum Vertrauens- und Kompetenzverlust gehen. Genau das, was Sie befürchten, tritt ein, wenn Sie zu reaktiv sind!

Im Englischen gibt es die Begriffe „booksmart" und „streetsmart". Mir gefällt diese Unterscheidung in Bücherwissen und – sehr frei übersetzt – Alltagsklugheit, denn viel zu viele Menschen haben

Selbstzweifel rund um Allgemeinbildung und Abschlüsse. Wie ist das denn bei Ihnen? Wir können das gleich mit dem Akademiker-Schnelltest feststellen: Stellen Sie sich vor, Sie sind in einem Raum mit lauter „Studierten". Verunsichert Sie das? – Oder umgekehrt: Sie sind zwar Akademiker, aber halten sich in mancher Hinsicht für „zu theoretisch" oder sagen von sich, dass Sie zwar „gute Noten hatten, aber ..."?

Wenn Sie sich oft mit anderen vergleichen und dabei immer schlechter abschneiden, ist Aktion angesagt!

! **Sie können nicht alles wissen und können. Abgesehen davon, dass es wahnsinnig viele Wissens- und Könnensgebiete gibt, sind Talente unterschiedlich. Bei einigen Fähigkeiten ist man eingerostet und zu allem Überfluss sind wir auch noch ganz unterschiedliche Lerntypen.**

Überzogene Ansprüche beziehen sich also auch darauf, WIE Sie lernen. Finden Sie heraus, was Sie brauchen, um sich neues Wissen und Fähigkeiten anzueignen, anstatt das von sich zu fordern, was für andere richtig ist.

Ist es Ihnen peinlich, etwas nicht zu wissen oder zu können, ziehen Sie schnell die falschen Schlüsse:

- Wenn ich ... nicht weiß oder kann, hält man mich für ...
- Wenn ich ..., bin ich ...

Das bringt Sie nicht weiter! Denn damit verstärken Sie Ihre Unsicherheit nur. Viel nützlicher ist es,

- sich zuzugestehen, dass Sie nicht alles wissen und können müssen,
- Kenntnis- und Fähigkeitslücken, die für Sie wichtig sind, auszugleichen
- und sich eine große Portion Souveränität anzutrainieren.

Denn je locker-flockiger Sie damit umgehen können, dass Sie etwas nicht kennen oder wissen, desto einfacher wird Ihr Leben und lässt Sie bei anderen gleichzeitig selbstsicher wirken. Wie das geht, schauen wir uns jetzt an.

Sie wissen etwas nicht

Ihnen ist der Name des Gesprächspartners entfallen

Beim Stadtbummel stürzt eine Frau auf Sie zu und spricht Sie herzlich mit Namen an. Sie freut sich offenbar sehr, Sie wiederzusehen. Sie aber haben keine Ahnung, wer das ist! Spontan erwidern Sie die Begrüßung, während sich langsam der Nebel lichtet. Das ist doch die … die … na die eine, die letztens bei der Party dabei war. Sie haben sich den ganzen Abend blendend mit ihr unterhalten! Aber wie heißt sie bloß?

Die zwei schlechtesten Reaktionen sind diese hier:

Lügen: so tun, als ob Sie den Namen wüssten.

Im Bruchteil von Sekunden entscheiden wir über unser Verhalten. In diesem Fall verlangen wir von uns, dass wir einen Namen wissen müssten. Immerhin haben wir uns lange mit der Frau unterhalten und kennen den Namen. Extra peinlich ist dieses Nichtwissen im Kontrast zu ihrer Herzlichkeit. Also vermeiden wir es, sie mit Namen anzusprechen, hoffen, dass sie nichts merkt und dass uns der Name später schon wieder einfallen wird. Zur Not können wir diskret die gemeinsame Freundin danach fragen.

Tatsächlich hemmt uns dieses Nichtwissen. Wir hoffen, dass wir nicht ertappt werden, wir müssen uns total anstrengen, uns nicht zu verplappern. Das ist übrigens genauso furchtbar, wie wenn Sie mit jemandem sprechen und nicht wissen, ob Sie sich duzen oder siezen.

Versuchen Sie mal, ein Gespräch zu führen, bei dem Sie konsequent den Satzbau so umstellen, dass Sie eine direkte Anrede vermeiden. Das geht nicht lange gut! Eigentlich wissen Sie: Je länger ich es hinausschiebe, Farbe zu bekennen, desto peinlicher wird es. Einen Namen – oder eine Anrede – kann man vergessen, aber dann ein ganzes Gespräch (oder mehrere!) so zu tun, als ob man es wüsste und dann erst nachzufragen, *das* ist erst unangenehm.

Sie haben sich also entschlossen, so etwas erst gar nicht gären zu lassen, sondern direkt zu fragen. Jetzt könnten Sie in die zweite große Falle tappen:

Aufbauschen – vor sich und der anderen Person.

Eine peinliche Situation wird durch Ihre eigene Reaktion entweder noch peinlicher oder keine große Sache. Je mehr Sie ein Drama draus machen, desto mehr kommen andere auf die Idee, dass hier tatsächlich eine Peinlichkeit vorliegt. Wenn Sie sich jetzt tausendmal entschuldigen oder offensichtlich schämen, machen Sie aus einer Mücke einen Elefanten. Das lässt sich so richtig dumm anstellen, zum Beispiel indem Sie sagen:

„Es ist mir so was von peinlich, aber ich habe Ihren Namen vergessen. Bestimmt denken Sie jetzt, dass Sie mir nicht wichtig genug waren, um mir das zu merken. Aber ich versichere Ihnen …"

Das ist völlig unverhältnismäßig! Ein Gesicht nicht zuordnen zu können, einen Namen zu vergessen oder sich der Anrede nicht sicher zu sein, das sind alles Kleinigkeiten, die Ihrem Gegenüber auch andauernd passieren. Also warten Sie nicht ab und eiern Sie nicht herum, sondern gehen Sie in die Offensive.

Auch hier gibt es zwei Werkzeuge, die ganz besonders gut kommen:

Etwas zugeben … und fragen!

„Das ist wirklich eine schöne Überraschung! Mir liegt Ihr Name auf der Zunge … bitte helfen Sie mir …“

Sie können durch Insiderwissen signalisieren, dass Sie sich an die Person durchaus erinnern:

„Ja hallo! Heute schon gesmoothied? (Gelächter) Ich habe leider Ihren Namen vergessen …“

Sie können natürlich auch augenzwinkernd nachfragen:

„Ich stehe im Guinnessbuch wegen meines schlechten Namensgedächtnisses. Du bist die …?“

Wenn Sie eine grobe Idee haben, wie Ihr Gegenüber heißt, aber unsicher sind, sagen Sie das dazu: „Hallo … äh … ich möchte gerade ‚Sabine‘ sagen …“ (deutlich verunsicherte Stimme mit verschmitztem Blick) „… Sabine???“

Vorsicht vor Sprüchen wie „Alzheimer lässt grüßen!“ oder „Ich bin halt blond!“, denn die sind nicht lustig, sondern steigern die Fettnapf-Gefahr.

Nehmen wir die zwei anderen Fälle gleich mit dazu. Sagen wir, Sie haben keinen blanken Schimmer, wer die herzliche Person ist. Das ist mir kürzlich so ergangen, als mich im Supermarkt jemand freundlich ansprach. Ich war überzeugt, dass es sich um eine Mitarbeiterin des Ladens handelte, und grüßte freundlich-distanziert zurück. Allerdings war ihre Begrüßung einen Tick zu freundlich, und so dachte ich an eine Verwechslung. Es stellte sich heraus, dass wir in der gleichen Sportstunde sind. Im Sportdress und Business-Outfit sieht allerdings jeder anders aus! Machen Sie sich also keine Gedanken darüber, wenn Sie jemanden, den Sie sonst aus einem anderen Kontext kennen, nicht erkennen. Bleiben Sie cool und machen Sie ein freundliches Gesicht:

- „Es tut mir leid, ich kann Sie gerade gar nicht verorten. Woher kennen wir uns?“
- „Entweder wir kennen uns oder das ist gerade eine großartige Verwechslung!“

Das Freundlich-Lockersein ist nämlich auch wichtig für den anderen. Es gibt ja Verwechslungen! Und die sind wiederum dem anderen peinlich, außer Sie bauen direkt vor.

Nehmen wir jetzt den Fall, dass Sie mit jemandem zusammentreffen, bei dem Sie beim besten Willen nicht mehr wissen, ob Sie sich duzen oder siezen. Oder aber, der andere spricht Sie konsequent mit Du oder Sie an, obwohl Sie genau das andere tun. Das kann eine Nachlässigkeit, Unsicherheit oder auch eine Maßregelung sein. So oder so sind Sie am besten damit bedient, die Kontrolle über die Situation zu bekommen, indem Sie Tacheles reden:

- „Ich weiß jetzt gar nicht, ob wir per ‚Du‘ sind?“
- „Ist das Du für Sie okay, oder möchten Sie beim Sie bleiben?“
- „Mir ist das Sie lieber. Mein Nachname ist Meier.“

Gerade die Anrede ist für viele Menschen ein sensibles Thema, weil es mit persönlichen Grenzen zu tun hat. Ob Sie also irrtümlich eine Grenze überschritten haben, die der andere durch das „Sie“ wieder herstellt, oder ob Sie jemanden zurück in die Schranken weisen: Vermindern Sie das Peinlichkeitspotenzial für alle, indem Sie kurz, klar und freundlich bleiben und dann zur Tagesordnung übergehen. So hat niemand das Gefühl, das Gesicht zu verlieren.

Sie haben Wissenslücken und können einem Gespräch nicht folgen

Mitunter kommen Sie in die unangenehme Situation, die Bedeutung eines Wortes oder einer Bemerkung nicht zu kennen. Dumm dastehen möchten Sie aber nicht, denn der andere geht offenbar davon aus, dass Sie informiert sind. In Seminaren ist es übrigens total oft so, dass sich Teilnehmer nicht trauen, sich zu melden, wenn jemand etwas Unbekanntes sagt. Erst wenn ich als Trainerin sage: „Wer weiß denn auch nicht, was xy bedeutet?“, melden sich viele, die auch keine Ahnung haben, aber lieber still geblieben sind, weil sie sich keine Blöße geben wollten. Immerhin hatte niemand sonst gefragt, also musste man das anscheinend wissen!

Das wirklich Peinliche an solchen Gesprächssituationen ist, dass Sie im Vorfeld nicht wissen, wie bedeutend das Gesagte für das weitere Gespräch wird. So kann es sein, dass Sie denken, Sie könnten sich durch Nicken und Kaschieren über die Unwissenheit retten. Doch was ist, wenn sich diese Information als zentral erweist oder Ihr Gesprächspartner Sie in wenigen Sätzen explizit nach dieser Sache fragt? Dann stehen Sie wirklich blöd da, wenn Sie vorher wissend getan haben. Also auch hier bitte keine Zeit verlieren, sondern den Stier bei den Hörnern packen:

- **„Was bitte heißt OTC?“**
- **„OTC bedeutet ‚over the counter‘, richtig?“**
- **„Ich kenne OTC nur in Bezug auf Medikamente – over the counter –; wie ist die Abkürzung hier gemeint?“**

Fragen Sie also geradeheraus – damit lenken Sie nicht großartig die Aufmerksamkeit auf das Nichtwissen und bringen das Gespräch mit dieser Nebensächlichkeit nicht vom Kurs ab.

Wie aber ist es, wenn Sie einem Gespräch nicht folgen können, weil Sie ein Thema nicht kennen oder Ihnen wichtige Zusammenhänge fehlen? – Nehmen wir den Fall der politischen Diskussion. Sie stehen irgendwie außen vor, weil Sie nicht genug wissen oder das Thema für komplexer halten. Dann stehen Ihnen alle Werkzeuge zur Verfügung. Wählen Sie das, mit dem Sie sich am wohlsten fühlen und das zur Situation am besten passt:

Zugeben oder fragen:

- „Ich interessiere mich nicht für Politik."
- „Darüber weiß ich nicht genug. Es würde mich aber interessieren, wie [konkrete Frage stellen]?" oder „Warum sind Sie der Meinung, dass ...?".

Sich der Situation entziehen:

- „Ja, dieses Thema hat Streitpotenzial. Und die Mittagspause ist nicht zum Streiten da!" (Hier direkt zu einem anderen Thema übergehen, vorzugsweise einem, das irgendeine sinnvolle Überleitung hat, eventuell zu etwas, was vorher besprochen wurde oder was demnächst ansteht.)
- „Ich klinke mich aus. Einen schönen Nachmittag noch!"

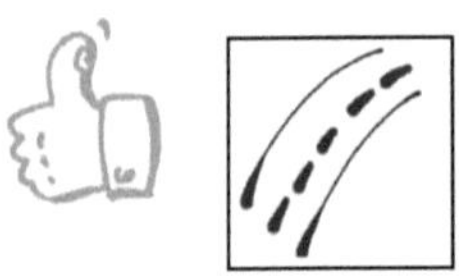

Souverän kommentieren:

- „Die Zusammenhänge in der Politik sind so komplex, dass ich mir da keine Meinung erlaube. Es ist eben nicht so simpel, einfach einen Aspekt rauszugreifen und getrennt von allem anderen zu betrachten."

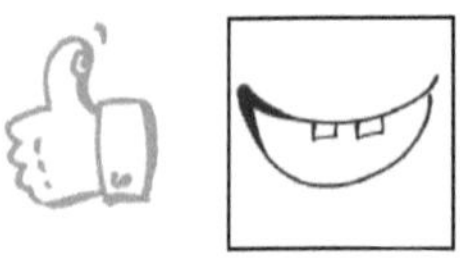

Eine Pointe setzen/Selbstironie:

- „Ehrlich gesagt habe ich keinen blanken Schimmer von Politik. Aber dafür weiß ich, wer JR Ewing angeschossen hat!" (Je nach Generation lachen alle, weil sie es wiedererkennen, und das Thema wechselt auf die TV-Serie „Dallas" oder aber Sie bekommen fragende Blicke und haben damit das Thema auch gewechselt.)

- „Okay, wichtige Bekanntmachung: Wer bei ‚Wer wird Millionär' auf dem Stuhl sitzt, bitte mich nicht als Politik-Joker anrufen! Aber in Biologie und Entertainment bin ich unschlagbar!"

Gehen Sie also mit Wissenslücken selbstsicher um, dann kann Ihnen auch niemand am Selbstbewusstsein kratzen!

Sie waren unaufmerksam und haben Wichtiges nicht mitbekommen

Und was ist, wenn Sie unaufmerksam waren? Der andere schaut abwartend. Offensichtlich sollen Sie etwas sagen, aber Sie haben keinen Plan, worum es gerade ging, weil Sie nicht zugehört haben. In diesem Fall ist es ebenfalls eine schlechte Idee, zu lügen, indem Sie vorgeben, dass Sie voll da waren. Ein Gesprächspartner merkt es, wenn Sie abwesend waren – im persönlichen Gespräch sieht man es am abwesenden Blick und an der Mimik. Man hört es, übrigens auch am Telefon, an einer verzögerten Reaktion. Spätestens wenn Sie versuchen, Ihr Nichtaufpassen durch eine neutrale Bemerkung zu kaschieren, die hoffentlich auf alles passt, entlarven Sie sich. Auch hier sind Sie besser bedient, es zuzugeben:

- „Bitte entschuldigen Sie! Ich habe am Schluss nicht zugehört. Was sagten Sie?"
- „Es ist mir ganz unangenehm, aber ich bin gedanklich gerade abgeschweift. Bitte wiederholen Sie noch mal den letzten Teil."

Wenn die Situation entsprechend ist, es also nicht gerade um ein bierernstes Gespräch ging, können Sie auch humorvoll reagieren:

- „Oh nein! Erde an Gitte! Ich war gerade völlig weggetreten ..." (Gelächter)
- „Huch, ich hatte gerade einen Ohren-Gehirn-Streik. Bis ... habe ich noch alles mitbekommen. Was kam danach?"

Manchmal schweift man durch Assoziationen ab, die im Hirn ausgelöst werden. Auch das dürfen Sie zugeben:

„Bitte entschuldigen Sie meine Unaufmerksamkeit. Als Sie gerade vom Campen erzählt haben, ist mir ein Weiher aus meiner Kindheit eingefallen und Froschlaich und Kaulquappen ... Gedanken wie beim Flipperspielen!"

Nicht folgen zu können, weil Sie ein Wort nicht kennen oder Sie gedanklich ausgestiegen sind, das kennt Ihr Gegenüber auch. So was passiert! Wenn Sie nicht chronisch unaufmerksam sind, verzeiht man Ihnen das jederzeit.

Wenn Sie dabei ertappt werden, dass Sie so getan haben „als ob"

Mitunter bemerkt man es selbst gar nicht, dass man total abwesend ist. Dann gibt es zwei häufige Reaktionen. Die eine ist witzig: Der Gesprächspartner nutzt Ihre geistige Abwesenheit aus und macht sich lustig, etwa, indem er in normalem Ton und mit ernstem Gesicht völligen Unsinn redet, bis Sie es merken: „... und dann kamen Außerirdische in mein Büro und haben mich entführt!"

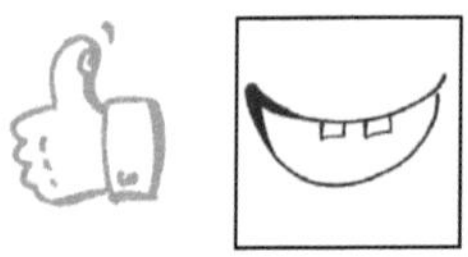

Wenn Sie auf diese Weise zurück ins Hier und Jetzt geholt werden, ist die beste Reaktion, mitzulachen. Besonders, wenn es vor Publikum geschehen ist. Das ist nicht böse gemeint! Also stimmen Sie mit ein.

Anders ist es, wenn Ihr Gegenüber Ihre geistige Abwesenheit als respektlos empfindet. Besonders schlimm, wenn es gerade um ein Thema ging, das dem anderen extrem wichtig ist. Hier müssen Sie ernst bleiben und sich ehrlich entschuldigen.

„Entschuldigen Sie, dass ich nicht zugehört habe. Ich schlage mich momentan mit einem Problem herum, das meine Gedanken beherrscht. Bitte seien Sie so freundlich und wiederholen Sie noch mal ab ..."

Sie können oder kapieren etwas nicht

Der neue Mitarbeiter soll zum ersten Mal alleine einen Lieferschein im Computer eingeben. Es wurde ihm mehrfach gezeigt. Er starrt auf den PC, weiß nicht, wie es weitergeht. Er weiß, er braucht Hilfe, aber er will nicht fragen. Es ist ihm peinlich, dass er es noch nicht kann und nicht mal aus seinen Notizen schlau wird. Und er befürchtet, dass er die Probezeit nicht überlebt, wenn er sich so anstellt.

Die selbstständige Webdesignerin hat bisher nur kleine Imageseiten gemacht. Nun will ein wichtiger Kunde seine Seite mit einem Online-Shop ausstatten. Sie hat nur rudimentär Ahnung, will den Auftrag aber nicht verlieren. Um sich gezielt einzuarbeiten, braucht sie nähere Informationen, aber Fragen könnten dem Kunden signalisieren, dass sie nicht weiß, was sie tut.

Ändern Sie Ihre innere Einstellung

Die gleichen Prinzipien für das Nichtwissen gelten, wenn Sie etwas nicht können. Sie erinnern sich an die zwei schlechtesten Reaktionen:

Lügen: so zu tun, als ob Sie etwas wissen oder können.
Das größte Problem sind Leute, denen es zu peinlich ist, zuzugeben, dass sie etwas noch nicht können. Vor allem im Beruf zeigt sich das: Denn wer etwas nicht kann, aber so tut, als ob, der verursacht jede Menge Probleme – für sich, für andere und für das Ergebnis. Das wird dann wirklich peinlich! Wenn nicht viel passiert ist, leidet Ihre Vertrauenswürdigkeit. Wenn Sie Pech haben, ist ein Ergebnis ruiniert oder andere müssen den Karren aus dem Dreck ziehen.

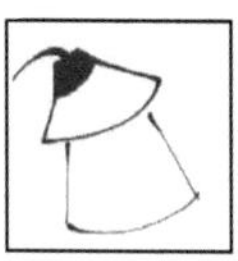

Aufbauschen – vor sich und der anderen Person.
Sie wissen ja: Wenn Sie selbst eine große Sache draus machen, wird es erst zu einem großen Kaliber. Genau hier müssen wir etwas tiefer gehen. Denn seine eigenen

Grenzen zu kennen, ist natürlich eng damit verknüpft, wie wir uns sehen und wie stark unser Selbstbewusstsein ausgeprägt ist. Davon wiederum hängt es ab, wie proaktiv wir damit umgehen können, wenn wir etwas nicht verstanden haben oder noch nicht beherrschen, obwohl das vorausgesetzt wird (beziehungsweise wir es von uns selbst verlangen).

Exkurs: Unser Schubladen-Denken

Sehen wir uns also das Aufbauschen an dieser Stelle etwas genauer an: Beim Nicht-Können gehen die eigenen Schubladen auf:

- „Ich *müsste* das können!"
- „Alle anderen können das [besser]!"
- „Ich konnte das noch nie!"
- „Begriffsstutzig ist mein zweiter Vorname!"
- „Ich bin zu blöd dafür!"
- „[XY hat recht.] Ich habe zwei linke Füße!"

Wir haben einen Perfektionsanspruch, werden mit vermeintlichen Makeln konfrontiert, erinnern uns an Ängste, frühere Erfahrungen oder glauben das, was uns von anderen gesagt wurde. Der Deutschlehrer, der einem deutlich sagte, dass man einfach nicht schreiben kann. Die strengen Eltern oder ein/-e Lebenspartner/-in, die einen für dumm oder als unfähig abgestempelt haben.

Diese inneren Schubladen hemmen uns. Sie führen dazu, dass wir vorgeben, etwas zu können, obwohl es nicht so ist. Dass wir uns lieber schlaflose Nächte bereiten und gleichzeitig hoffen, dass uns niemand auf die Schliche kommt. Unsere Schubladen sind auch dafür verantwortlich, dass wir, wenn wir fragen, das oft auf eine überzogene Weise tun: „Ich lerne das nie!", „Bestimmt denken Sie, ich bin blöd, weil ich das schon wieder frage!", „Ich habe es einfach nicht mit Technik!".

Das Gemeine daran ist, dass wir uns damit selbst begrenzen. Wer sich sicher ist, dass er mit dem Computer nicht klarkommt oder dass er „eh nicht rechnen kann“, erwartet, dass er scheitert. Dass er einfach dafür nicht geboren ist, kein Talent hat oder sogar ein hoffnungsloser Fall ist. Solche Schubladen sind keineswegs harmlos, denn sie zementieren, was Sie können … und vermeintlich nicht – oder niemals! – können. Entsprechend hilflos und resigniert gehen Sie an diese Dinge ran. Und jetzt sind wir ganz schnell bei der sich selbst erfüllenden Prophezeiung:

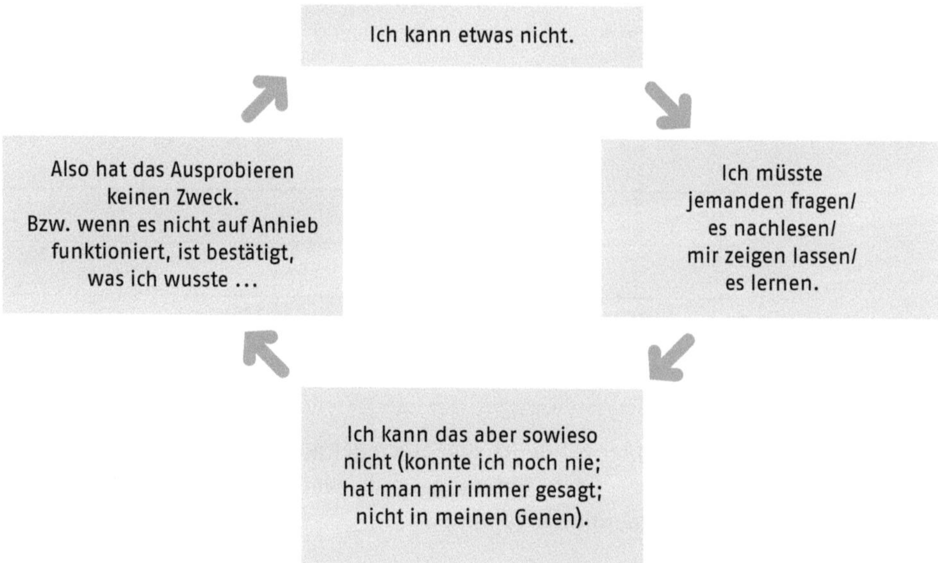

Sie sehen: Ihre eigenen Schubladen, von denen jeder Mensch eine ganze Menge hat, verdienen einen kritischen Blick. Denn viele davon sind viel zu eng gebaut und halten uns klein (auch die, die harmlos klingen). Das, was andere behauptet haben oder was aus früheren Erfahrungen stammt, hat vielleicht noch nie gestimmt oder ist zumindest nicht mehr aktuell: Sie sind älter, klüger, erfahrener und in so manchen Disziplinen werden Sie sich ganz schön positiv überraschen, wenn Sie sich aus ollen Schubladen endlich herauslassen!

Welche Schubladen haben Sie von sich?

Schreiben Sie sich auf:

- Diese Dinge konnte ich noch nie/dafür bin ich einfach nicht begabt:

  ____
  ____
  ____
  ____
  ____

- Das haben andere gesagt, dass ich das nicht kann/bleiben lassen soll:

  ____
  ____
  ____
  ____
  ____

- Und das hier würde ich eigentlich gerne können/ausprobieren, habe mich aber noch nie rangetraut, weil ich glaube, zu unfähig/blöd/unkoordiniert zu sein:

  ____
  ____
  ____
  ____
  ____

Mehr zum Ausweiten Ihrer alten Komfortzone in Teil 3 „Keine Angst vor der eigenen Courage!".

Gehen Sie also, wenn Sie etwas noch nicht können, immer in die Offensive: *Innerlich*, indem Sie sich kontraproduktive Selbstgespräche verbieten und sofort reagieren, anstatt sich das Hinauszögern zu erlauben. *Nach außen*, indem Sie zugeben, dass Sie etwas nicht können:

- „Ja, ich sollte das eigentlich können! Aber ich hab's vergessen. Bitte zeig mir noch mal, wie man …"
- „Es tut mir leid, wenn ich dich das jetzt schon wieder frage. Aber ich weiß beim besten Willen nicht mehr, wie ich im Computer …"
- „Ich bin zum ersten Mal in einer Tanzstunde und kann mir die Choreografien einfach nicht merken. Haben Sie einen Tipp, wie ich es am besten lerne?"

Humor ist erlaubt – auch Selbstironie –, aber nur, wenn Sie es wirklich so locker nehmen! Machen Sie sich nie zur Witzfigur und trivialisieren Sie eine Situation nicht, wenn Ihnen ganz anders zumute ist! Ansonsten nimmt Lachen immer Druck raus und macht locker, hilft unterm Strich also gewaltig dabei, sich souverän zu blamieren.

- „Haha! Ich stelle mich ja selten an mit dem Seilspringen. Vielleicht sollte ich mir einen Erstklässler als Personal Trainer engagieren!"
- „Gemach, gemach! Für mich ist das doppelt schwer, die Motorik zu koordinieren, so mit zwei linken Füßen."

Lernen Sie, kompetent Fragen zu stellen

Sie kennen den Spruch „Es gibt keine dummen Fragen". Dieser Spruch lügt. Es gibt sehr wohl dumme Fragen. Es gibt außerdem normale und sehr gute Fragen, die Sie trotzdem schlecht aussehen lassen. Erst recht, wenn Sie total unsicher sind und Ihnen das Fragen peinlich ist. Warum? - Weil es auch relevant ist, WIE Sie eine Frage stellen.

Wenn Sie sich also angewöhnen möchten, auf kompetente Weise etwas nicht zu wissen, habe ich einige schlaue Tipps für Sie:

- **Sagen Sie, was Sie konkret nicht können.**

Kein „Ich kann das nicht", kein „Ich hab das noch nie gemacht" und vor allen Dingen kein „Mach du das!". Sagen Sie dem anderen genau, was Sie nicht können, und bitten Sie um Hilfe, anstatt einfach nur in den Raum zu stöhnen, dass etwas nicht geht.

„Ich mache hier gerade meinen ersten Lieferschein und hänge am zweiten Schirm fest. Beim Versandfeld muss ich irgendwo einen Haken setzen, aber ich weiß nicht mehr, wo. Können Sie mir das bitte noch mal zeigen?"

- **Widmen Sie dem anderen Ihre ganze Aufmerksamkeit.**

Wenn Ihnen jemand etwas zeigt, dann hören Sie zu und schauen Sie genau hin. Es gibt leider viele Leute, die laut damit hadern, dass sie das eigentlich wissen sollten, oder verkünden, dass sie „das einfach nicht können" oder „sich immer so schwertun". Ein Grund könnte sein, dass Sie nicht aufpassen, wenn Ihnen etwas erklärt wird. ☺

- **Wiederholen Sie, was Sie verstanden haben.**

Erklärungen für etwas, das man noch nicht weiß oder kann, sind oft zu viel auf einmal, ganz egal, um welche Inhalte es geht. Gewöhnen Sie sich an, genau zuzuhören und in Ihren eigenen Worten noch einmal zu wiederholen, was bei Ihnen angekommen ist. Wenn Sie sich die Antworten aufschreiben, geben Sie dem anderen Ihre Notizen zum Überprüfen. So stellen Sie sicher, dass es richtig ist – und Ihr Gegenüber kann sich korrigieren, wenn es etwas missverständlich ausgedrückt oder vergessen hat. Das passiert sehr schnell!

- **Wenn es ums Können geht: Machen Sie es SELBST und lassen Sie sich korrigieren.**

Sie lernen eine neue Sprache, lassen sich eine Sportübung zeigen oder ein Computerprogramm erklären? Das sind Dinge, die man durchs SelbstTUN lernt! Also theoretisieren Sie nicht rum, sondern sagen Sie: „Ich mach's jetzt mal, und Sie überprüfen mich bitte und sagen mir, ob es stimmt beziehungsweise was noch nicht richtig ist." Beim Tun verinnerlichen Sie erst richtig, wie etwas geht. Vor allem merken alle Beteiligten oft erst jetzt, wo es weitere wichtige Fragen und Missverständnisse gibt.

- **Wenden Sie das neue Wissen/Können sofort nach dem Lernen besonders oft an.**

Gerade wenn wir etwas als schwierig ansehen oder uns einfach noch nicht sattelfest fühlen, drücken wir uns oft davor. Sie fühlen sich vielleicht noch sehr unsicher, wenn Sie in einer Fremdsprache reden sollen. Oder Sie haben Angst, dass im Fitnessstudio die Leute zu Ihnen rüberschauen und Sie eine Übung falsch machen. Alles, was neu ist, ist ungewohnt. Wenn Sie was am Anfang nicht perfekt machen: Na und?! Sie wissen: Wenn Sie jetzt dranbleiben und es öfter selbst machen, dann haben Sie es in null Komma nichts intus und können an der Perfektion feilen.

Das Wichtigste an diesen Kompetent-Fragen-Tipps ist, dass Sie anderen klar und deutlich zeigen:

- **Ich bin selbstbewusst genug, meine Grenzen und Lücken anzuerkennen.**
- **Ich schätze Ihre Unterstützung, das zeige ich Ihnen, indem ich genau aufpasse.**
- **Ich bin daran interessiert, es künftig richtig zu machen. Darum lasse ich das Gezeigte von Ihnen überprüfen und setze mich der neuen Situation gezielt aus.**

Andere weisen Sie auf Ihre Fehler hin

Nun ist es die eine Sache, von selbst drauf zu kommen, dass man etwas nicht weiß oder kann. Ein ganz anderes Paar Stiefel ist es, von anderen darauf hingewiesen zu werden. Dieser Moment, besonders wenn er vor Publikum stattfindet, kann richtig peinlich sein. Selbst wenn Sie normalerweise locker damit umgehen, etwas mal nicht zu wissen oder zu können

„Hast du gerade ‚Konifere' gesagt?"

Sie haben ein Fremdwort falsch verwendet. Aus Versehen oder weil Sie es wirklich nicht besser wussten. Jetzt weist man Sie deutlich darauf hin. Je witziger der Versprecher war, desto amüsierter sind die Anwesenden. Vielleicht haben Sie es aber auch mit einem Klugscheißer zu tun, der Sie nicht einfach damit aufzieht, sondern Ihnen eine reinwürgen möchte. Oder aber jemand weist Sie einfach freundlich auf den Irrtum hin. Der Hinweis kann also ganz unterschiedlich ausfallen:

- „Hahahaha! Koniferen sind Nadelhölzer!"
- „Sie meinen hoffentlich Koryphäe?"
- „Das schlagen Sie lieber noch mal im Fremdwörterbuch nach."

Keine gute Reaktion:

„Nein. Hab ich nicht! Koryphäe habe ich gesagt. Experte eben."

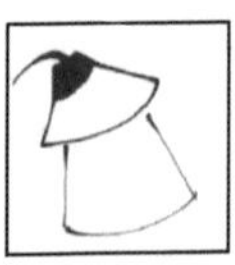

„Mein Gott, wie peinlich! Das darf doch nicht passieren. Ich sollte nie mehr Fremdwörter benutzen!"

Souverän agieren:

„Ja. Das war natürlich ein Schmarrn!" Oder: „Ich dachte echt, das heißt so!"

„Wie gesagt, Herr Meier ist ausgewiesener Experte auf dem Gebiet (weiterreden)."

„Ich bin sicher, dass ich recht habe, aber ist ja egal."

„Ja, Koryphäe natürlich!" (nahtlos weiterreden)

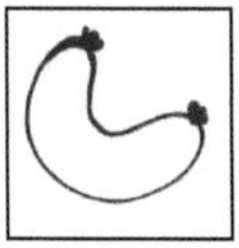

„Es steht Ihnen nicht gut, wenn Sie so schulmeistern."

„Als international bekannte Fremdwortkonifere verbitte ich mir solche Korrekturen!"

Der Clou ist es, sich niemals provozieren zu lassen. Selbst wenn sich jemand im Ton vergreift oder Sie sich provoziert fühlen, gehen Sie immer nur auf den Inhalt ein, auch wenn es schwerfällt!

„Wie, das weißt du nicht?"

Es gibt Dinge, die so weit verbreitet sind, dass andere davon ausgehen, dass sie jeder kennt. Natürlich kommt das immer auf einen selbst an: Jemand, der in der Arbeit viel mit Englisch zu tun hat, für den sind bestimmte Vokabeln geläufig. Andere finden Wissen aus Erdkunde, Biologie und Geschichte banal. Kinofilme, die einen Oscar gewonnen haben; Bücher, die auf der Bestsellerliste standen, oder Musikstücke sind für viele Allgemeinwissen. Wenn man sich dann outet oder unfreiwillig rauskommt, dass man keinen blanken Schimmer davon hat, können es manche kaum glauben und platzen heraus:

- „Das weiß doch jeder!"
- „Das musst du doch wissen!"
- „Hast du hinterm Mond gelebt?"

Keine gute Reaktion:

„Als ob du alles wüsstest!"

Souverän agieren:

„Ja, das weiß ich nicht."

„Ich finde es selbst total furchtbar, aber ich habe ein Hirn wie ein Sieb!"

„Dank Ihnen lerne ich jetzt dazu."

„Selbst ein ausgewiesener Fachmann hat nicht immer alles Wissen parat."

„Zum Glück glaube ich nicht, dass ich irgendwann alles weiß."

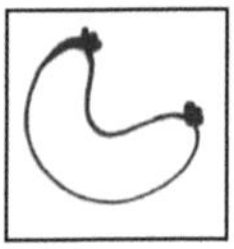

„Das ist unfair, dass du darauf herumreitest!"

„Doch, natürlich wusste ich das! Ich wollte Sie nur auf die Probe stellen …"

Gehen Sie nicht davon aus, dass der andere Sie für dumm hält, wenn er „Das weiß doch jeder!" sagt. Das ist eine so geläufige Floskel, die ganz automatisch aus einem herausplatzt und ganz einfach Ausdruck großer Überraschung ist.

„Ich zweifle das an!"

Wann immer Sie in einer Position sind, in der Sie anderen eine Auskunft geben oder gar etwas beibringen, kann es haariger werden. Wenn Sie einem Kunden eine Info geben, an der er Zweifel hat. Wenn Sie in einem Vortrag durch einen Zwischenruf korrigiert werden. Oder wenn Sie als Trainer/-in vor aller Ohren widerlegt werden. – Und merken, dass der andere recht hat! Jetzt haben Sie es doppelt schwer: Denn es geht nicht mehr nur um die Sache, sondern auch um Ihre Glaubwürdigkeit (und gegebenenfalls die Ihrer Firma). Findet das Ganze vor Publikum statt, sind alle Augen auf Sie gerichtet. Wie gehen Sie mit der Korrektur um, die erneut ganz unterschiedlich ausfallen kann: sachlich, enttäuscht oder provokant?

- „Diese Information ist nicht korrekt!" (gefolgt von einem richtigen Argument)
- „Wenn Sie nicht mal das richtig wissen, weiß ich nicht, was ich sonst glauben kann."
- „Von jemandem in Ihrer Position sollte man richtige Antworten erwarten können."

Keine gute Reaktion:

„Ich finde es nicht gut, dass Sie mich jetzt so angreifen. Mir scheint, Sie wollen provozieren!“

„Da hätte ich jetzt auch Zweifel. Das kann ich verstehen, dass Sie sich nicht mehr auf mich verlassen, aber …“

„Meine Auskunft ist hundertprozentig gesichert. Das können Sie nachrecherchieren!“

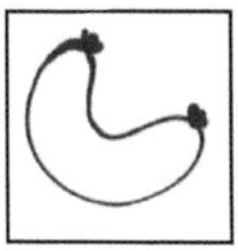

„Vertrauen Sie mir! Ich glaube auch an Ihre Kompetenz, lassen Sie sich auch auf meine ein.“

Souverän agieren:

„Danke schön für den Einwurf. Ich hoffe, ich habe Ihnen nichts Falsches gesagt. Bitte führen Sie das etwas näher aus …“

„Vielen Dank für den Hinweis! Das ist eine neue Information für mich. Ich klemme mich dahinter! Wir klären es nach der Pause.“

„Oh, da ist meine Information in dieser Hinsicht nicht eindeutig gewesen, ich meinte …“

„Sie haben recht!“ (Kopf heftig schütteln) „… schnell Gehirn sortieren … Also noch mal.“ (korrekte Information bringen).

Leute, die Ihnen fachlich vertrauen müssen, sind verunsichert, wenn sie falsche Informationen bekommen. Noch wichtiger als die Sache, um die es geht, ist das übergeordnete Thema: die Glaubwürdigkeit wieder herzustellen. Fehler macht jeder! Die Frage ist immer, ob man es auch zugeben kann. Je souveräner Sie mit Korrekturen umgehen, desto kompetenter wirken Sie. Oft noch mehr, als wenn überhaupt kein Fehler geschehen wäre.

„Das macht man aber nicht so!"

Das Anzweifeln ist oft gravierender, wenn es um ein Nichtkönnen geht. Wenn Sie beruflich etwas machen, was Kunden als nicht fachmännisch oder veraltet wahrnehmen. Oder wenn Sie tatsächlich etwas nicht können – was Ihnen vielleicht gar nicht bewusst war. Vielleicht arbeiten Sie einen neuen Mitarbeiter ein oder zeigen Ihrem Kind etwas und jemand widerspricht Ihnen. Das kratzt an der Kompetenz, und zwar ganz unabhängig davon, ob es stimmt oder nicht. Jetzt ist ganz besonders gefragt, dass Sie souverän damit umgehen, wenn Sie vor anderen Ihre Kompetenz unterstreichen möchten.

- „Das ist falsch!“
- „Du machst das nicht richtig.“
- „Du kannst das nicht???“

Keine gute Reaktion:

„Ich mache das schon seit Jahrzehnten so. Erzählen Sie mir nichts!"

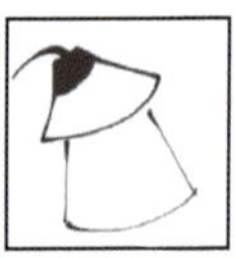

„Jetzt bin ich komplett verunsichert. Offenbar bin ich nicht mehr up to date!"

„Auch wenn vielleicht viele Wege nach Rom führen, das ist der einzig richtige für mich."

Souverän agieren:

„Tatsächlich? Was genau ist denn Ihrer Ansicht nach nicht richtig? Zeigen Sie es mir bitte."

„Ich freue mich immer, Neues zu erfahren. Bitte erklären Sie ..."

(Mit getragener Stimme) „Falsch oder nicht falsch. Das ist hier die Frage!" (Blickkontakt/Nachfrage)

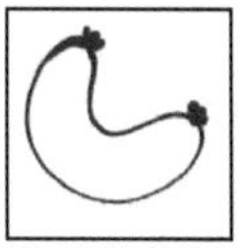

„Wenn Sie von mir nichts lernen wollen, kann ich es auch nicht ändern."

„Einem alten Hund kann man keine neuen Tricks beibringen, heißt es. In meinem Fall stimmt das nicht ..."

Souveräne Menschen sind immer offen für andere Vorgehensweisen. Sie können nur dazulernen, wenn Sie den Einwurf begrüßen: Entweder der andere hat recht, und Sie können Ihre Fähigkeiten verbessern oder zumindest erweitern. Oder der andere hat unrecht, dann können Sie die Person korrigieren und Umstehenden Ihre größere Kompetenz beweisen. Plus: Sie haben Ihren Erfahrungsschatz erweitert.

„Tagträumen muss schön sein!"

Nehmen wir den Fall von vorhin: Sie sind in einem Gespräch – zum Beispiel in einem Meeting – gedanklich abgedriftet. Vielleicht auf ganz schön peinliche Art, sodass mehrere Leute Sie richtiggehend „aufwecken" mussten. Das ist oft sehr amüsant für andere und ein gefundenes Fressen, um Sie zu necken oder Ihnen sogar an den Karren zu fahren. Doch auch wenn es nicht böse gemeint ist, nehmen viele das ganz besonders persönlich, wenn ihnen unterstellt wird, dass sie allzu lässig oder unausgelastet sind. Jetzt ist besondere Vorsicht geboten, denn wenn die Nerven mit Ihnen durchgehen, verhalten Sie sich ganz sicher kontraproduktiv!

- „Das ist wunderbar, dass Sie offenbar nichts zu tun haben."
- „Mit Ihrer Aufmerksamkeitsspanne ist es nicht so weit her, was?"
- „Ich wünschte, meine To-do-Liste wäre auch so leer, dass mein Kopf frei ist."

 **Keine gute Reaktion:**		 **Souverän agieren:**	
	„Ich habe nicht geträumt! Ich habe intensiv über das davor nachgedacht!“		„Kein Tagtraum. Leider. Aber ich war gedanklich gerade ganz woanders. Verzeihung!“
	(Knallrot herumstottern) „Ich … äh … nein, ich war …“		„Danke fürs ‚Zurückbringen‘. Bitte wiederholen Sie noch mal kurz, damit wir weitermachen können …“
	„Die Besprechung bei dieser Hitze und ohne Pause anzusetzen … da ist es doch kein Wunder!“		„Das beweist, dass wir nicht immer multitaskingfähig sind. Was habe ich verpasst?“
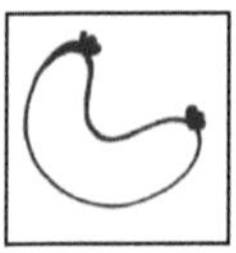	„Das ist nicht kollegial, was ihr hier abzieht!“		(Herzlich lachen und aufgreifen) „Ich war auf einer Insel, blaues Wasser, Stille, kein Budget weit und breit … ich will zurüüüück!“

Achten Sie ganz genau darauf, was Sie in den Reaktionsbeispielen nicht sehen: das Einsteigen auf die Provokation! Das ganze „Nichts-zu-Tun-haben“ etc. ist ein Nebengleis, auf das Sie sich keineswegs ziehen lassen. Nur dann können Sie souverän sein und durch das Nichtaufgreifen zeigen Sie dem anderen – und eventuellem Publikum – laut und deutlich, dass er sich damit ungut verhält. Wie souverän, das links liegen zu lassen.

Exkurs: So füllen Sie Ihre Wissenslücken am besten

Wie Sie sehen, ist es halb so wild, wenn Sie etwas nicht wissen oder nicht können. Anders ist das natürlich, wenn es um Know-how oder Fähigkeiten geht,

- die Sie können müssen, weil es eine berufliche Aufgabe ist,
- die Ihr Leben erheblich erleichtern, wenn Sie sie beherrschen,
- oder weil Sie sich einfach sagen: Das will ich für mich lernen.

Dann heißt es, auszugleichen!

- **Das Richtige tun**

Es gibt jede Menge Leute, die theoretisches Wissen anhäufen: noch zehn Bücher lesen, noch ein halbes Dutzend Fernkurse belegen, drei weitere Zusatzausbildungen machen ... Gleichzeitig merken sie: Viel hilft nicht viel. Das Richtige tun Sie, wenn Sie sich erst einmal klar darüber werden, warum Sie etwas Bestimmtes lernen möchten. Was erhoffen Sie sich davon? Wenn Sie sicher sind, dass sich diese Fähigkeit wirklich für Sie lohnt und nicht einfach etwas mit mangelndem Selbstbewusstsein oder Verunsicherung zu tun hat, dann überprüfen Sie: Auf welche Art können Sie sich dieses Wissen oder diese Fähigkeit am sinnvollsten aneignen? Wie viel Zeit und Geld haben Sie zur Verfügung, wie lernen Sie am besten?

- **Konsequent dranbleiben**

Manche Dinge sind schnell gelernt: sich endlich die Bedeutung dieses Fremdworts merken, mal gezeigt bekommen, wie der Papierstau im Kopierer beseitigt werden kann. Die meisten Fähigkeiten aber erfordern Übung, die richtige Technik und Routine. Man baut das entsprechende Wissen und Können schrittweise über einen längeren Zeitraum auf. Bei miesen Englischkenntnissen mal kurz acht Stunden Business-Englisch zu besuchen, macht Sie nicht aus dem Stand heraus zum versierten Verhandler! Kontinuität heißt das Zauberwort. Hierfür nützen Ihnen auch die Tipps „Managen Sie sich!“, Teil 1 und Teil 2.

6. Kalt erwischt

„Die Huber ist ein Drache,
wie er im Buche steht."

Das Überraschungsmoment meistern

Jetzt kommen wir zu den unguten Oweia-Gelegenheiten, die deshalb peinlich sind, weil wir bei etwas ertappt werden:

- **bei einer Unsicherheit.** Jemand überrumpelt uns, und wir fühlen uns so ad hoc nicht in der Lage, uns einer Sache zu stellen.
- **bei einer Lüge oder Lästerei.** Das Lügen oder Lästern selbst ist vielen interessanterweise nicht peinlich, aber wehe, wenn man sie damit konfrontiert!
- **bei einem Versäumnis oder Fehler.** Hier spielt neben dem Schamgefühl auch eine große Rolle, wie sehr Sie sich Fehler zugestehen.

Wenn Sie im Selbsttest im 1. Kapitel öfter „C" angekreuzt haben, dann überprüfen Sie mal kurz, ob Sie so eine Lage nur blamabel fänden oder ob Sie sich tatsächlich oft in solchen Situationen wiederfinden. Ist das nämlich der Fall, habe ich gleich zwei gute Nachrichten für Sie:

- **Gute Nachricht Nr. 1: Viele Ertappt-Situationen sind vermeidbar.** Anstatt nur zu lernen, wie Sie elegant reagieren können, ist es eine gute Idee, die Auslöser abzustellen. Also keine Symptombekämpfung, sondern direkt an die Wurzel gehen. Denn dann kommen Sie erst gar nicht mehr unnötig in die Bredouille! Auslöser für die meisten „Kalt erwischt"-Vorfälle ist es, sich den Dingen nicht zu stellen. Machen Sie den Drückeberger-Test am Ende des Kapitels!

- **Gute Nachricht Nr. 2: Ihre Erstreaktion ist entscheidend.** Spontanreaktionen in Bedrängnis sind nur deswegen meist negativ, weil wir uns unüberlegt schaden. Dreh- und Angelpunkt für das selbstbewusste Blamieren ist im Ertappt-Fall Ihre allererste Reaktion. Genau jetzt, wo der andere Sie mit einer Sache konfrontiert hat, kommt es darauf an,

- wie souverän Sie einsteigen
- und ob Sie sich auch innerlich ruhig genug halten, um überlegt handeln zu können.

Es geht also wirklich vorrangig darum, das Überraschungsmoment zu meistern. Das wiederum tun Sie, indem Sie sofort nach außen souverän agieren, auch wenn Sie sich innerlich erst einmal fangen müssen. So federn Sie die peinliche Situation von Beginn ab und gewinnen gleichzeitig etwas Zeit.

Auf das „Was tun?" kommen wir gleich. Vorab einige Tipps, wie Sie elegant Zeit schinden können, ohne dass der andere merkt, dass es in Ihrem Kopf gerade hektisch rattert:

Wenn es die Situation erlaubt, können Sie die Konfrontation einfach auf später schieben:

- „Lassen Sie mich bitte noch [ein Telefongespräch erledigen/auf Toilette gehen/das hier wegbringen], dann komme ich gleich auf Sie zu."

verzögern

- „Momentan ist alles etwas hektisch hier. Bitte lass uns um 15 Uhr zusammensetzen, dann können wir das in Ruhe miteinander klären.“

Ein Verschieben hat den Vorteil, dass aufgestauter Ärger oft verfliegt und es möglich ist, konstruktiver miteinander zu sprechen.

verstehen

Müssen Sie prompt reagieren, können Sie den anderen die Sache näher erklären lassen:

- nachfragen: „Was genau meinen Sie mit ...?“
- nachvollziehen: „Durch meinen Fehler ist Ihnen Mehrarbeit entstanden.“
- wiederholen: „Sie sind davon ausgegangen, dass ich X erledige ...“

Der andere fühlt sich ernst genommen und legt sein Anliegen differenzierter dar. So schaffen Sie die Voraussetzungen für eine sachliche Konfrontation.

vermitteln

Sie antworten direkt, gehen aber zunächst auf die Befindlichkeit Ihres Gegenübers ein:

- „Ich verstehe, dass Sie enttäuscht darüber sind, dass ...“
- „Du bist sauer, weil du gehört hast, dass ...“

Auf diese Weise greifen Sie die wichtige emotionale Ebene direkt auf. Ihr Gesprächspartner fühlt sich angenommen. Das nimmt emotional aufgeladenen Situationen den Wind aus den Segeln.

So, und jetzt zu der Antwort auf die Frage „Was tun?“.

Sie sollen ad hoc etwas tun

Bei der Familienfeier wird der Ruf nach einer Rede laut. Man beschließt, dass Sie die beste Person dafür sind. Plötzlich drängt Sie der ganze Tisch, endlich aufzustehen.

Mit etwas Vorbereitung hätten Sie noch gar nicht mal was dagegen gehabt, eine Rede zu halten. Doch jetzt, so plötzlich, etwas aus dem Ärmel zu schütteln, nervös herumzustottern ... das ist Ihnen zu unangenehm! Umso schlimmer, dass jetzt alle Augen auf Sie gerichtet sind. Gruppendruck, wo Sie hinschauen:

- Nachgeben und sich mehr schlecht als recht durch eine erzwungene Rede holpern?
- Eine unschöne Grundsatzdiskussion führen, ob Sie es tun?
- Oder debattieren, warum Sie nicht wollen, aber sich nicht so haben sollten?

Wann immer andere Sie so in Zugzwang bringen, müssen Sie kurzen Prozess machen! Denn das Blamagepotenzial steigt nicht nur dadurch, dass Sie eventuell ad hoc keine gute Figur machen, sondern erst recht durch diese unschönen Diskussionen, wenn Sie sich in den Augen anderer zu sehr zieren. Da kippt dann auch schnell mal die Stimmung, und Sie werden zur Spaßbremse ... oder gar zum Buhmann.

Kurzer Prozess bedeutet:

- **Treffen Sie eine sofortige Entscheidung, ob oder ob nicht!**
  Klären Sie, sobald das Thema aufkommt, sofort für sich, ob und unter welchen Umständen Sie das, was von Ihnen gefordert wird, tun möchten.
- **Teilen Sie diese Entscheidung sofort und unmissverständlich mit!**
  Nehmen Sie direkten Blickkontakt auf und sagen Sie mit fester Stimme, was und was nicht Sie tun werden. Die Wortwahl ist enorm wichtig.

Sie möchten etwas auf keinen Fall tun

Beim gemütlichen Beisammensein erwähnt eine Freundin, dass Sie so gut singen können. Sie bittet Sie vor allen, etwas zum Besten zu geben.

So gerne Sie singen: Hier und jetzt möchten Sie das auf keinen Fall.

Keine gute Reaktion:

„Ich bin heute nicht so gut drauf und mein Hals tut auch weh ..."

„Immer machst du das! Einfach vor anderen sagen, ich soll singen. Das mag ich nicht!"

„Würde dir das vielleicht gefallen, wenn ich dich vor allen auffordern würde, X zu machen?"

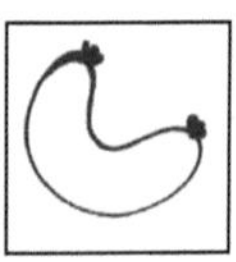

„Mir ist schon wieder der Abend verdorben mit dieser Erzwingerei!"

Souverän agieren:

„Ich werde auf keinen Fall heute Abend singen. Ende Gelände." (lächelnd Thema wechseln)

„Danke für das Kompliment. Ich werde auf keinen Fall singen." (Thema auf etwas anderes lenken)

„Ich kann viele Dinge gut, zum Beispiel leckeren Milchkaffee machen, und das mach ich jetzt!"

„Ich singe grundsätzlich nur unter der Dusche, natürlich immer ohne Publikum!" (Themawechsel)

Sie wissen ja: locker bleiben! Auch wenn Sie innerlich genervt sind, weil Sie sich unter Druck gesetzt fühlen. Sie möchten auf jeden Fall vermeiden, dass sich das Thema auswächst und man Sie des Herumzickens bezichtigt.

Wenn einige Ihren Klartext nicht akzeptieren und nachhaken, dann nutzen Sie die Technik der „gesprungenen Schallplatte“: Halten Sie Blickkontakt und wiederholen Sie freundlich, aber bestimmt, dass Sie es nicht tun werden. Wechseln Sie dann von sich aus das Thema oder entschuldigen Sie sich, als wenn nichts wäre, kurz, um etwas zu trinken zu holen oder auf Toilette zu gehen.

Knicken Sie nie doch wieder ein, nur weil jemand nicht lockerlässt! Das signalisiert nur, dass Sie gebeten werden wollen. Das führt nur dazu, dass man keine Ihrer Grenzen ernst nimmt.

Sie werden es tun, wollen aber vorbauen

Vielleicht entscheiden Sie sich aber auch für ein „Ja“. Sie wissen ja: Ihre Entscheidung sollten Sie dann auch klipp und klar verkünden, ohne lang herumzumachen:

„Ja, ich singe euch gerne was vor.“

Möglicherweise aber sind Sie etwas unsicher, weil die Bitte Sie kalt erwischt. Natürlich möchten Sie eine gute Figur abgeben, sind aber nsicher, ob das ad hoc gelingt. In diesem Fall können Sie ganz souverän ein wenig vorbauen:

„Danke für die Vorschusslorbeeren. Dann hören wir mal, ob ich sie verdiene!“

Auf diese Weise spannen Sie sozusagen ein kleines Sicherheitsnetz. Wenn jetzt nicht alles total glattgeht, ist das nicht so tragisch. Aber Achtung: Auch bei solchen Sicherheitsnetzen ist es wichtig, immer souverän zu wirken. Wer zu betont vorbaut oder Erwartungen drückt, wirkt schnell unsicher. Je nach Thema und Umfeld möchten Sie aber auf keinen Fall Unsicherheit verströmen. Kontraproduktiv wäre eine sehr defensive Reaktion:

„Na gut, ich singe was. Aber ich war letzte Woche erkältet und klinge vielleicht etwas schief."

„Und wenn ich mich jetzt blamiere, weil ich die Töne nicht richtig treffe???"

Was aber, wenn so eine Aufforderung im beruflichen Kontext geschieht?

Während des Meetings kündigt Ihr Chef an, dass Sie jetzt sofort für alle die bisherigen Fortschritte des Projektes zusammenfassen und Zwischenergebnisse präsentieren.

Dann gilt im Prinzip das Gleiche, nur dass Sie natürlich nicht komplett ablehnen können, etwas zu tun. Wenn Sie sich sicher sind, dass Sie sowohl rhetorisch als auch inhaltlich aus dem Stand heraus das Projekt zusammenfassen können, dann nicht groß drum herumreden, sondern direkt loslegen:

„Aber gerne!" (Kunstpause machen, ggf. Papiere zurechtlegen oder zum Flipchart gehen und dann loslegen, zunächst, worum es bei dem Projekt geht)

Bauen Sie nie vor, wenn es nicht nötig ist! Wenn Sie auf Ihr Fachwissen und Ihr Improvisationstalent bauen können, legen Sie immer sofort los. Nur wenn Sie in irgendeiner Weise unsicher sind, bietet sich auch im beruflichen Kontext ein Sicherheitsnetz an. Achten Sie auch hier wieder auf die kontraproduktiven defensiven Antwort-Varianten, die Sie zu unsicher wirken lassen, weil Sie drum herumreden, anstatt

Ihre Ergebnisse zu präsentieren. Das wäre gerade im Beruf sehr imageschädigend, zumal andere ungute Rückschlüsse ziehen könnten, warum Sie sich zieren: Läuft das Projekt womöglich nicht so gut? Sind Sie nicht genau über den Zwischenstand informiert? Trauen Sie sich fachlich zu wenig zu?

Keine gute Reaktion:

„Ich habe jetzt gar nicht alle Zahlen da und, äh, ich müsste da erst noch …"

„Oh, jetzt erwischen Sie mich auf dem falschen Fuß. Ich habe nicht damit gerechnet, dass …"

„Es ist besser, wenn ich dazu einen ausführlichen Bericht schreibe, finden Sie nicht?"

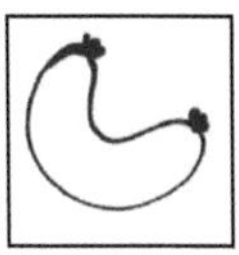

„Das stand nicht auf der Tagesordnung! Es ist nicht okay, das schnellschnell abzuhandeln!"

Souverän agieren:

„Ich habe nicht damit gerechnet, heute einen genauen Zwischenstand zu geben. Aber kein Problem …" (Projekt schildern)

„Da das so ad hoc kommt, habe ich kein genaues Zahlenmaterial da. Gerne umreiße ich kurz und maile den aktuellen Stand nach."

„Das Projekt steckt noch in den Anfangsschuhen. Hier ein erster Abriss dazu …"

Wo ist der Humor? Der ist in diesem Fall absichtlich nicht dabei, denn im Beruf steht auch bei lockerer Atmosphäre immer auch Ihr Standing auf dem Spiel. Sie dürfen also bei legerem Umfeld durchaus augenzwinkernd reagieren. Aber Sie würden bei so einer Aufforderung, spontan einen Projektstand zu geben, nie durch Witze eine Antwort hinauszögern oder vorab ins Lächerliche ziehen.

Und wenn jemand nicht lockerlässt?

Sie wissen bereits, dass Ihre Reaktion auf eine spontane Aufforderung dann am ehesten akzeptiert wird, wenn Sie sofort „Ja" oder „Nein" sagen, das in einer entschiedenen Wortwahl tun (Klartext) und Blickkontakt halten. Auf diese Weise sind die meisten dieser Situationen sofort geregelt. Dennoch können wir natürlich andere nicht kontrollieren! Darum passiert es durchaus, dass jemand nicht lockerlässt nach dem Motto: „Nun hab dich nicht so!"

Möglicherweise drängt man Sie, indem man Ihnen unterstellt, sich nur zu zieren. Das passiert vorrangig dann, wenn Sie in Ihrer Absage sehr zögerlich um den Brei herumgeredet haben. Dann kommen Reaktionen wie:

- „Du willst doch nur gebeten werden!"
- „Stell dich nicht so an!"
- „Mach's doch einfach, anstatt groß herumzudiskutieren!"

Jetzt ist die Peinlichkeitsgefahr gewachsen: Denn mit einer defensiven Reaktion walzen Sie das Thema nur weiter aus und machen *dadurch* eine schlechte Figur. Außerdem laden Sie zu weiteren Diskussionen ein. Dabei wollen Sie doch nur, dass Ihre Absage akzeptiert wird.

	Keine gute Reaktion: 		Souverän agieren: 
	„Ich will nicht. Hab ich doch gesagt. Hörst du schlecht!“		[Gesprungene Schallplatte] „Ich werde auf keinen Fall heute Abend singen.“
	„Ich hab schon gesagt, dass ich nicht will! Kannst du nicht einfach ein Nein akzeptieren?!“		„Ich sehe, du bist hartnäckig. Ich ebenso: Ich werde nicht singen. Damit ist das Thema gegessen.“
	„Ich will nur einen schönen Abend haben. Glaubst du, den hab ich, wenn du weiter drängst?“		„Es ist nett, dass du mich gebeten hast. Und ich habe dankend abgelehnt.“ (Themawechsel)
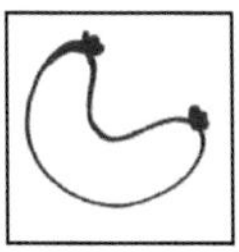	„Wenn das so weitergeht, gehe ich jetzt nach Hause!“		„Beharrlichkeit ist normalerweise eine gute Qualität. Nur in diesem Fall führt sie nicht zum Erfolg!“

Haben Sie gemerkt? Die offensive Reaktion geht nicht auf den persönlichen Angriff ein.

Wenn Sie etwas getan haben: Rückgrat beweisen!

Jetzt reden wir über ein „loses Mundwerk“ und über Fehler. Dabei ist es erst einmal unerheblich, ob Sie etwas ganz bewusst gemacht haben, ob es ein Missverständnis oder ein Versehen war: Wann immer Sie bei etwas ertappt werden, ist der erste Impuls oft das Herauswinden – erst recht, wenn uns die Sache mehr als peinlich ist. Das ist zwar ein sehr menschlicher Impuls, aber genau der falsche! Denn damit schütten Sie Öl ins Feuer. Die drei schlechtesten Reaktionen, wenn Sie bei etwas erwischt werden, sind:

Versuchen, abzuwiegeln: Rechtfertigungen, Ausflüchte und Lügen sowie der beliebte Gegenangriff („Du hast aber ...!“) sind die häufigsten Spontanreaktionen, die gleichzeitig am meisten Schaden anrichten.

Sich weiter reinreiten: Sie beharren auf einer Sache, wollen sie ausdiskutieren oder versuchen eine äußerst verunglückte Schadensbegrenzung ... das läuft unter „sich um Kopf und Kragen reden“.

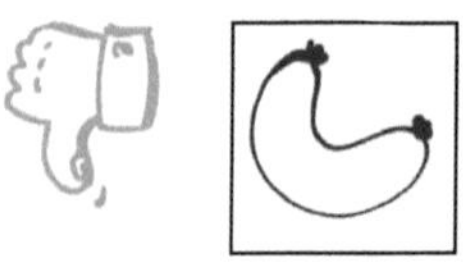

Die Beleidigte-Leberwurst-Taktik: Sie soll den Wind zu Ihren Gunsten drehen: Durch einen eingeschnappten Rückzug oder sonstige Manipulationen setzen Sie den emotionalen Hebel und sorgen für einen Nebenschauplatz.

Alle drei haben gemein, dass Sie nicht zu dem stehen, was geschehen ist. Und genau das sollten Sie! Denn überführt sind Sie schon. Versuchen Sie nun, sich herauszureden, zeigen Sie dem anderen nur, dass Sie keine Verantwortung übernehmen. Der andere fühlt sich nicht ernst genommen und sieht vor allen Dingen: Da ist weder Einsicht noch Reue. Wenn es sich um gravierende Vorfälle handelt, versauen Sie sich Ihr Image und stören Beziehungen empfindlich. Da ist dann oft auch nichts mehr zu retten. Nicht wegen des eigentlichen Vorfalls, sondern wegen der feigen, defensiven Haltung. Empfehlenswert ist daher:

Den Stier bei den Hörner zu packen, indem Sie zum Vorfall stehen und sich entschuldigen.

Situationen, z.B. ein Missverständnis, richtigzustellen, in Kombination damit, die Kurve zu kriegen. So behalten Sie die Kontrolle über den Verlauf.

Sie haben einen Fehler gemacht

Jeder macht Fehler: Versäumnisse, Nichtwissen, mangelnde Sorgfalt, Missverständnisse, Überlastung … die Gründe sind vielfältig. Entscheidend ist, wie man mit Fehlern umgeht. Vielen sind Fehler nicht nur unangenehm, sondern regelrecht peinlich. Weil sie sich Fehler nicht zugestehen, weil „so was nicht passieren darf" oder weil sie schlimme Konsequenzen befürchten. Darum gibt es, wenn es um Fehler geht, eine große – sehr weit verbreitete – Todsünde: das Herausreden.

Rechtfertigungen, Ausflüchte und Lügen sind oft das Mittel der Wahl, um Fehler zu vertuschen und die Peinlichkeit, die durch das Zugeben eines Fehlers entsteht, klein zu halten.

Bei Fehlern interessiert in erster Linie eins: Kann man das wiedergutmachen? Die Chancen dafür stehen am besten, wenn man sofort, wenn der Fehler entdeckt wurde, aktiv wird. Kann man es noch retten, Schadensbegrenzung machen oder ist eine Wiedergutmachung angesagt? So oder so ist jetzt wichtig, den Fehler einzugestehen und die Verantwortung dafür zu übernehmen.

Schuldzuweisungen bringen niemanden weiter. Also hacken Sie nicht auf sich selbst herum, sondern sehen Sie sich Fehler genau an: Wie ist es dazu gekommen? Welche Lösung gibt es? Was kann ich daraus lernen?

Auch bei „richtigen“ Fehlern gilt es, näher zu analysieren, was konkret geschehen ist. Denn gerade bei Fehlern ist es wichtig, das eigene Gefühl getrennt davon zu behandeln, was passiert ist:

Ich habe einen Fehler gemacht.		
„Das ist mir so was von peinlich!“	**Welche Konsequenzen hat mein Fehler?**	**Wie sieht die andere Person die Sache?**
Ein Fehler ist fast jedem unangenehm: vom kleinen Tippfehler bis hin zu etwas, was wir total falsch gemacht haben. Jetzt besteht die Gefahr, zu sehr auf sich selbst (auf das eigene Gefühl) bezogen zu sein!	Das ist der sachliche Blick auf das, was geschehen ist: Welche Konsequenzen hat dieser Fehler aktuell? Welche materiellen oder Image-Schäden gibt es und wie kann sich das auswirken?	Das ist der Perspektivenwechsel, der leider oft außen vor gelassen wird, wenn man zu sehr auf sich selbst bezogen ist. Wie stellt sich die Angelegenheit für den anderen dar? Wie sieht er mich und meine Reaktion?

Bei Fehlern aller Art sollte Ihre spontane Reaktion immer sein: Verantwortung übernehmen. So nehmen Sie ärgerlichen Menschen den Wind aus den Segeln und schalten selbst auf Lösungsorientiertheit. Bitte verwechseln Sie „Verantwortung übernehmen“ nicht mit „etwas zugeben“ oder „die Schuld übernehmen“. Wenn Sie von jemandem auf einen Fehler hingewiesen werden, dann können Sie so spontan nicht immer die ganze Angelegenheit überblicken. Manchmal sehen Sie „Ja, das stimmt, hier ist mir Fehler X passiert“, oft aber hat man ad hoc nicht alle Informationen parat, zum Beispiel, wenn jemand anruft und sich beschwert. Sie können durch das Formulieren Ihrer ersten Reaktion steuern, wofür Sie die Verantwortung übernehmen:

Sie kennen den Fehler: „Entschuldigung! Ich habe dummerweise einen Zahlendreher in der Postleitzahl gemacht – die Sendung ist zurückgekommen.“

Sie haben keine Schuld, aber übernehmen trotzdem die Verantwortung:
„Es ist mir sehr unangenehm, dass die Lieferung verspätet gekommen ist."
Sie wissen nicht, worum es geht: „Ich bitte um Verzeihung: Da ist der Wurm drin! Damit ich nachvollziehen kann, was passiert ist: Welche Bestellung ist es?"

Geht es um eine Kleinigkeit, bei der sich Ihr Gegenüber zwar echauffiert, es aber tatsächlich keine große Sache ist, dann können Sie auch die Kurve kriegen, indem Sie ganz kurz darauf eingehen. Sagen wir, ein Kollege weist Sie auf einen Flüchtigkeitsfehler hin:

- „Ja, das stimmt: Hier habe ich einen Zahlendreher drin. Ich berichtige das sofort."
- „Ups! Danke für den Hinweis. Normalerweise checke ich gegen, aber das ist mir wohl durchgerutscht." (Und dann sofort um die Korrektur kümmern und ggf. Themawechsel, um keine Diskussion darüber entstehen zu lassen.)

Wenn Ihnen sogar ein Flüchtigkeitsfehler unangenehm ist, ist es wichtig, den jeweiligen Fehler ins Verhältnis zu setzen. Also nicht aufgrund eines eigenen Peinlichkeitsgefühl aus einem kleinen Fehler einen Elefanten machen, indem Sie sich über Gebühr entschuldigen, schämen oder rechtfertigen!

Sie haben etwas versäumt

Wie sehr Sie ein Versäumnis als peinlich empfinden, hängt gar nicht mal vorrangig davon ab, worum es geht, sondern in erster Linie von Ihren Ansprüchen und Werten. Auch wenn es um keine große Sache geht, versinken Sie vielleicht einfach deswegen im Boden, weil Sie sich als sehr verlässlich sehen (beziehungsweise so gesehen werden wollen) oder weil Sie befürchten, die andere Person denkt, sie ist Ihnen nicht wichtig genug. So ein Eindruck kann bereits entstehen, wenn jemand immer unpünktlich ist.

Wann immer Sie etwas versäumt haben, prüfen Sie: Worum geht es hier konkret?

- Worin besteht mein Versäumnis genau?
  Ich habe vergessen, den Termin beim Friseur abzusagen.
- Was ist daraus an Konsequenzen entstanden?
  Der Friseur hat mich besorgt angerufen. Als klar war, dass ich es nur vergessen hatte, war er sehr sauer auf mich, weil viele Kunden einfach nicht kommen, was ihn ärgert. Außerdem hat er Verdienstausfall.
- Welche Werte und Ansprüche sind davon berührt?
  Ich bin stolz darauf, absolut verlässlich und zuvorkommend zu sein, und kann es nicht fassen, dass ausgerechnet mir das passiert ist. Vor allem, weil ich mich selbst immer über Leute echauffiere, die Termine einfach nicht absagen.

Genauer auszuloten, worum es gerade geht, hilft Ihnen, eine Sache objektiver einzuschätzen. Das ist wichtig, weil Sie dadurch nicht in Versuchung kommen, ein Versäumnis über Gebühr als peinlich einzuordnen, und weil Sie dadurch vermeiden, spontan in die Defensive zu gehen. Wie Sie hier sehen, rollen einem defensive Reaktionen leider schnell über die Zunge, wenn man sich schämt oder angegriffen fühlt:

Keine gute Reaktion:

„Das kann ja mal passieren!"

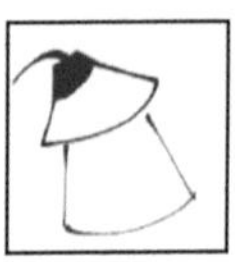

„Du meine Güte! Sie müssen ja von mir denken, ich bin auch so ein ignoranter Kunde, der ..."

Souverän agieren:

„Ich bitte vielmals um Entschuldigung! Ich habe es völlig versäumt, Sie anzurufen."

(Bei einem festgestellten Versäumnis bitte nie einfach so tun, als sei nichts gewesen.)

„Sie reden von Verdienstausfall. Aber es steht nirgends, dass man Termine absagen muss."

(... und auch nicht schnell darüber hinweggehen)

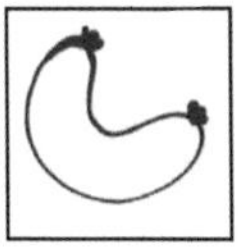

„Stimmt zwar, aber immerhin bin ich Ihre Kundin. Etwas mehr Servicebewusstsein wäre gut!"

(einem Versäumnis dieser Art bitte nicht mit Humor begegnen)

Wenn Sie spontan ungut reagieren, ist das nicht schlimm. Bereiten Sie dann die Situation einfach nach und denken Sie das Versäumnis und Ihre Reaktion nachträglich durch: Wie ist es gelaufen? Worum ging es? Was würde ich beim nächsten Mal anders/besser machen? Auf diese Weise können Sie nach und nach immer prompter vorteilhaft reagieren, indem Sie in die Offensive gehen und zum Versäumnis stehen.

Anders sieht es aus, wenn es um ein Versäumnis geht, das Sie zwar peinlich finden, das aber wirklich nur eine Lappalie war. Angenommen, Ihre Nachbarin hat Sie nachmittags von der Arbeit angerufen und gebeten, ihre Fenster zu schließen, weil ein Sommergewitter angekündigt wurde. Abends klingelt es an der Tür: Ihre Nachbarin schwenkt grinsend einen Putzlappen und sagt: „... wegen der Fenster ..." Siedend heiß fällt Ihnen ein, dass Sie es total vergessen haben. *Und das Ihnen! Wo Sie doch nie was vergessen!* Hier ist ganz offensichtlich nichts Tragisches passiert. Ihre Nachbarin nimmt's sichtlich locker. Jetzt können Sie, wenn Sie möchten, auch humorvoll damit umgehen ... das hilft besonders, wenn Sie dazu neigen, sich endlos über Ihr eigenes Versäumnis zu ärgern.

„Oh nein! Ich hab's vergessen! Das tut mir total leid." (Pause machen, um die Entschuldigung wirken zu lassen) „Gibt's noch was zu putzen?"

„Entschuldige!! ... Äh, kommst du jetzt mit dem nassen Putzlappen, um ihn bei mir im Wohnzimmer auszuwringen?" (gespielt die Augen aufreißen)

Ausgeplaudert, gelogen und gelästert?

Nun kommen wir zu den unangenehmsten Situationen, die es gibt: Das „lose Mundwerk“ bringt einen in Schwierigkeiten: Wir plaudern etwas aus, was uns im Vertrauen gesagt wurde, werden einer Lüge überführt oder ziehen über jemanden her.

Nicht immer geschieht das in böser Absicht. Manchmal ist einem nicht bewusst, dass etwas ein Geheimnis war. Oft sind wir einfach sehr emotional: Wir ärgern uns gerade tierisch über jemanden, schämen uns wegen etwas oder trauen uns einfach nicht, offen miteinander zu reden. Kann man sich in solchen Situationen auch noch selbstbewusst blamieren? – Ja!

Sie haben etwas ausgeplaudert

Die Mitarbeiterin teilt ihrem Chef gerade mit, dass sie kündigt. Sie sieht seine betroffene Reaktion und sagt: „Ich weiß, dass das kein so glücklicher Zeitpunkt ist, gerade jetzt, wo Michaela in die Schweiz geht.“

Michaela ist die Kollegin. Leider hat diese dem Chef noch gar nicht gesagt, dass sie ebenfalls geht. Und jetzt steht sie wütend da: „Na, herzlichen Dank! Wie kommst du dazu, das dem Chef zu sagen, bevor ich mit ihm darüber rede?!“ Die Wahrheit ist: Sie wusste schlichtweg nicht, dass der Chef noch nicht Bescheid weiß. Jetzt ist es ihr zwar einerseits peinlich, dass sie etwas ausgeplaudert ist, aber andererseits fühlt sie sich ungerecht behandelt. *Denn es war ja keine Absicht!* Ungerecht behandelt werden wollen wir alle nicht, darum verteidigen wir uns spontan, indem wir – Sie haben es erraten – in die Defensive gehen:

„Kann ich doch nicht wissen, dass du es dem Chef noch nicht gesagt hast!"

„Immerhin hast du es mir und einigen anderen Kollegen gesagt. Meinst du nicht, dass es da aus unserer Sicht klar ist, dass es schon bekannt ist?"

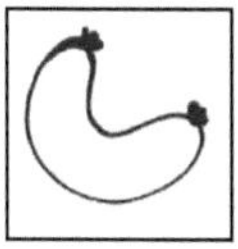

„Das ist aber jetzt total unfair, dass du mir das vorwirfst. Ich dachte, wir mögen uns!"

Auch wenn hinter dem Weitersagen einfach ein Missverständnis steckt, ist es eine Tatsache, dass etwas verraten wurde, was noch nicht bekannt war. Darum ist es unabhängig von allen Gründen, die vielleicht für Sie sprechen, wichtig, die Verantwortung für diesen Teil – das Ausplaudern – zu übernehmen!

- „Bitte entschuldige, Michaela! Ich bin davon ausgegangen, dass der Chef es schon weiß. Es war nicht meine Absicht, dir da zuvorzukommen."

Oder, wenn Sie sich nicht entschuldigen wollen:

- „Es war nicht richtig von mir, das zu erwähnen, auch wenn ich davon ausgegangen bin, dass du es schon gesagt hast."

Ist die Sache, um die es geht, banal, macht also tatsächlich jemand aus einer Mücke einen Elefanten, können Sie auch kürzer angebunden darauf eingehen:

„Du hast recht. Es ist nicht meine Sache. Ich hätte es nicht erwähnen sollen."

Bitte beachten Sie die Formulierung: Hier gibt es kein großartiges Zugeben und keine Entschuldigung, aber dennoch wird die Verantwortung dafür übernommen.

Was aber ist, wenn Sie etwas ausgeplaudert haben, was Ihnen unter dem Siegel der Verschwiegenheit anvertraut wurde? Sagen wir, eine Freundin hat Ihnen erzählt, dass ihr Mann sich von ihr getrennt hat. Sie möchte aber nicht, dass das schon jemand weiß. Nun haben Sie es einer gemeinsamen Bekannten weitererzählt. Die wiederum hat Ihre Freundin angesprochen, ob sie Beistand braucht. Jetzt steht die Freundin stinksauer vor Ihrer Türe:

Keine gute Reaktion:

„Das war nicht ich.
Das muss jemand anderer erzählt haben, vielleicht dein Mann!"

„Freunde sind dazu da, sich beizustehen. Ich wollte nur, dass du mehr Beistand hast."

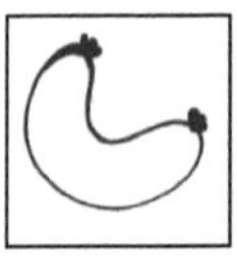

„Wenn du mir nicht vertraust, dann reden wir besser gar nicht mehr über persönliche Dinge."

Souverän agieren:

Da Sie etwas sehr Vertrauliches weitergesagt haben, ist hier nur der Stier die beste Wahl!

„Ja, ich habe es [Name der Bekannten] gesagt. Das war nicht in Ordnung. Bitte entschuldige!"

Besonders peinlich ist es übrigens, wenn Sie jemandem etwas verraten und gleichzeitig etwas dazusagen wie: „Ich soll das niemandem sagen, und sage es auch nur dir, weil ich weiß, dass du dichthältst!" Das ist zwar vordergründig ein Kompliment für denjenigen, den Sie da ins Vertrauen ziehen. Tatsächlich demonstrieren Sie damit aber: „Mir darf man nichts anvertrauen, ich behalte nichts für mich, selbst wenn man mich explizit darum bittet." Sie zerstören sich Ihre Vertrauenswürdigkeit. Das ist ganz ähnlich wie beim Lästern ein großes Imageproblem für den, der es tut.

Sie werden bei einer Lüge ertappt

Ja, ich weiß: Es gibt zahlreiche Studien, wonach jeder Mensch viele Male am Tag lügt. Dabei werden aber in erster Linie Alltagslügen gezählt: „Wenn wir am Telefon sagen ‚Die Kollegin ist in einem Meeting' statt ‚Die Kollegin sitzt gerade auf dem Klo' oder wenn wir jemandem, der uns in der U-Bahn auf den Fuß tritt, höflich versichern ‚Macht nichts!', obwohl wir im ersten Schmerz denken ‚Rücksichtsloser Idiot!'."

Auch wenn solche Alltagshöflichkeiten Unwahrheiten sind, dienen sie einem reibungslosen Miteinander. Im Gegensatz zu Lügen, die nur unsere eigene Haut retten sollen: Sie geben vor, Kopfweh zu haben, um aus einer Verabredung herauszukommen. Sie behaupten, eine Rechnung verloren zu haben, um den Zahlungstermin hinauszuzögern. Sie haben eine Affäre, versichern Ihrem Lebenspartner aber, dass alles okay ist, um ihn nicht zu verletzen.

Viele Lügen fliegen über kurz oder lang auf. Darum ist es eine gute Devise, erst gar nicht mit dem Lügen anzufangen, wenn Sie sich in Wirklichkeit nur davor drücken wollen, zur Wahrheit zu stehen: eine Entscheidung zu treffen, das direkte Gespräch zu suchen oder zu einem Fehler zu stehen.

Lügen gehen Hand in Hand mit einem Vertrauensbruch. Der wiederum zieht in der Regel einen ganzen Rattenschwanz unschöner Konsequenzen nach sich, sogar wenn die Lüge gar nicht groß war … bei Ihnen vielleicht sogar unter „Notlüge" läuft und damit akzeptabel ist. Tatsächlich ist eine Lüge für viele Leute immer unakzeptabel. Weil man nicht die Wahrheit gesagt hat: „Wer einmal lügt …", „Ich kann dir nicht mehr vertrauen!", „Wo hast du mich sonst noch angelogen?!".

Um diese Konsequenzen zu vermeiden, gibt es fünf häufige Ad-hoc-Reaktionen, die von der Lüge ablenken sollen:

Ausflüchte, warum das nicht stimmt, weitere Lügen, die die ursprüngliche Lüge wahrer klingen lassen sollen, oder der besonders beliebte Gegenangriff, damit sich der Wind dreht und der andere in die Defensive gerät.

Die Lüge wird vordergründig zugegeben, aber das eigene Schamgefühl, die Verzweiflung oder ein Dilemma, das man vorschützt, derart überzogen aufgebaut, dass der andere Mitleid bekommt und Verständnis hat.

Die Lüge wird bestätigt und weiter ausgebaut. Nicht umsonst sind „zu viele Details" ein Anzeichen, an dem man Lügen erkennen kann. Durch das Reinreiten verstrickt man sich immer tiefer in der Lüge.

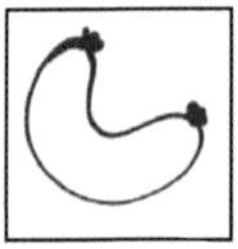

Man schmollt, dass einem der andere nicht glaubt/etwas unterstellt, oder versucht zu manipulieren à la: „Wenn du mir da schon nicht glaubst, hat unsere Beziehung wohl keinen Sinn!", „Dann kündige ich wohl besser".

Ja: Diesmal landet der Humor auf der kontraproduktiven Seite, denn hier wird er dazu verwendet, die Sache zu trivialisieren oder ins Lächerliche zu ziehen.

Wann immer Sie bei einer Lüge ertappt werden, sollten Sie sofort den Stier bei den Hörnern packen und dazu stehen. Bleiben Sie dann aber so nah wie möglich an der tatsächlichen Wahrheit, zum Beispiel:

- „Ja, ich habe gelogen, als ich ... gesagt habe. Das tut mir unsagbar leid. Ich habe mich nicht getraut, dir die Wahrheit zu sagen. Lass uns jetzt offen darüber reden ..."
- „Mir war es peinlich, zuzugeben, dass ich momentan kein Geld habe. Nur darum habe ich diese Notlüge gebracht. Bitte glaub nicht, dass ich dich generell anlüge!"

Für Lügen gibt es immer einen Grund! Darum ist es oft ein versteckter Segen, wenn man dabei ertappt wird, wenn man sich doch zu einer hinreißen lassen hat.

Sie haben über jemanden hergezogen

„Mir ist zu Ohren gekommen …“

Sie haben also über jemanden gelästert oder Anspielungen gemacht und werden nun zur Rede gestellt.

Die Peinlichkeit beginnt übrigens nicht erst dann, wenn wir von dem Betroffenen erwischt werden. Lästern ist generell dünnes Eis, denn unter denjenigen, die mitbekommen, wie Sie über andere in deren Abwesenheit sprechen, sind immer welche,

- die Lästereien als respektlos empfinden,
- die lästernde Person als schwach, gemein und intrigant erleben und sich wundern, wie wohl hinter ihrem Rücken über sie geredet wird.

Das gilt sogar, wenn sie selbst mitlästern.

Es ist eine gute Devise, sich anzugewöhnen, über nicht Anwesende immer nur so zu reden, dass diese jederzeit hinter Ihnen stehen können.

Gleiches gilt übrigens auch schriftlich: Bestimmt kennen Sie aus eigener Erfahrung E-Mail-Pannen, wo irrtümlich etwas weitergeleitet wurde, was nicht für fremde Augen bestimmt war.

Es gibt verschiedene Varianten des Herziehens: das reinrassige Lästern, das Ventil-Lästern, das Stille-Post-Lästern und das Missverständnis. Gleich gehen wir alle vier Varianten durch und ich zeige Ihnen jeweils souveräne Reaktionen, wenn Sie zur Rede gestellt werden. Auf die defensiven Beispiele verzichte ich in dem Fall, weil Sie das Prinzip der Rausredereien, Gegenangriffe und Manipulationsversuche in diesem Zusammenhang schon kennen.

■ **Das reinrassige Lästern**

Sie reden negativ über einen nicht anwesenden Dritten, um ihn schlecht dastehen zu lassen oder sich über ihn lustig zu machen. Dahinter steckt meistens Eigennutz und selten richtige Bosheit: Man will im Kontrast zur anderen Person besser dastehen, Beifall einheimsen oder ein Zugehörigkeitsgefühl untermauern („Wir reden beide schlecht über dieselbe Person, das verbindet“). Absichtliches Lästern ist kein schöner Zug, aber Sie sollten wenigstens offen dazu stehen, wenn man Sie dabei ertappt:

- „Ja, das habe ich gesagt.“

  Entschuldigen Sie sich bitte immer nur, wenn es aufrichtig ist:
- „Bitte entschuldige. Das war gedankenlos von mir.“

Wenn Sie es nicht zugeben und sich auch nicht entschuldigen möchten, können Sie es auch anders formulieren. Bleiben Sie so nah wie möglich an der Wahrheit!

- „Ich habe mich hinreißen lassen. Das war nicht in Ordnung.“

Korrigieren Sie sich nur, wenn Sie es auch meinen:
- „Meine Wortwahl war unnötig grob. Was ich meine, ist …“

■ **Das Ventil-Lästern**

Der Name sagt schon alles: In diesen Fällen schimpfen Sie über jemanden, weil Sie sich ärgern. Entweder über die Person, um die es geht, oder weil Sie gerade mit sich und der Welt unzufrieden sind. Das ist natürlich kein Freibrief dafür, sich negativ über andere zu äußern, aber wir sind alle keine Roboter, und wenn wir stark unter Druck sind oder ungute Gefühle die Oberhand bekommen, dann entladen sie sich irgendwo. Oft heulen – oder schimpfen – wir uns bei anderen aus. Die gute Sache ist, dass das sozusagen ein „Lästern im Affekt“ ist. Wir meinen das, was wir gesagt haben, eigentlich nicht, sondern haben uns in diesem Moment einfach nur Luft gemacht. In der Regel sind wir uns dessen bewusst, dass es keine Art ist, hinter dem Rücken von jemandem zu motzen. Wir wollen ja auch, dass Leute direkt mit uns sprechen, wenn sie ein Problem mit uns haben:

„Bitte entschuldige. Anstatt mich über dich zu beklagen, hätte ich direkt zu dir kommen sollen, um darüber zu sprechen, was mich so ärgert.“

„Ich war aufgebracht und habe Sachen gesagt, die ich nicht hätte sagen sollen.“

Das Stille-Post-Lästern

Sie kennen das Kinderspiel „Stille Post“, wo durchs Weitersagen der Sinn entstellt wird – und am Ende etwas anderes rauskommt. Das ist besonders nachteilig, wenn Ihnen die Worte gewaltig im Mund herumgedreht werden:

Sie sagen in der Gemeinschaftsküche zu einem Kollegen: „Ich finde es gut, dass wir Fortbildungen machen, und ich habe auch kein Problem damit, dafür einen Samstag zu opfern. Immerhin zahlt die Firma uns alles. Aber zu verlangen, dass wir wegen schlechter Stimmung am Wochenende zusammen in die Berge fahren, klingt wie eine dumme Idee.“ Später zitiert Sie der Chef zu sich: „Mir ist zu Ohren gekommen, dass Sie mir Dummheit unterstellen, weil ich mich für Teambuilding einsetze.“

Das gibt es sehr häufig: Jemand reißt eine Aussage aus dem Kontext oder formuliert etwas in eigenen Worten. In diesem Fall gibt es zwei Möglichkeit:

Sie stehen zu dem, was Sie gesagt haben – aber erklären, wie es gemeint ist:
„Bitte entschuldigen Sie, dass das so bei Ihnen angekommen ist. Das ist Ihnen falsch weitergegeben worden. Ich habe lediglich gesagt, dass das Teambuilding-Bergsteigen übernächste Woche wie eine ‚dumme Idee' klingt, weil ich nicht daran glaube, dass es der Stimmung nutzt – Im Gegenteil."

Sie stellen es richtig:
„Nein, ich habe Ihnen keineswegs ‚Dummheit' unterstellt und würde das auch nie tun. Wir haben uns über Fortbildungen unterhalten, und ich habe gesagt, dass ich es gut finde, dass wir Seminare machen und ich gerne Freizeit dafür opfere, weil die Firma alles bezahlt. Das Teambuilding-Bergsteigen halte ich für eine dumme Idee, weil die Stimmung nicht besser wird, nur weil wir gezwungen werden, zusammen auf einer Hütte zu übernachten." (dann auf die schlechte Stimmung eingehen – und idealerweise eine bessere Idee liefern, wie diese verbessert werden kann)

Wenn Sie also noch wissen, woher das Lästerpotenzial rührt – hier: die Formulierung „dumm", die sich ursprünglich auf dieses spezielle Seminar und nicht etwa den Chef bezieht –, dann ist es gut, wenn Sie bei Ihrer Erklärung bei dieser Formulierung bleiben. So sieht man, dass Sie sich nicht rausreden, sondern kann nachvollziehen, woher der Stille-Post-Charakter der groben Formulierung rührt.

Das Missverständnis

Beim Missverständnis liegt überhaupt kein Lästern vor, sondern es wurde konstruiert. Entweder, weil jemand – wie bei der Stillen Post – in eigenen Worten eine Aussage verdreht hat, oder aber, weil sich jemand angesprochen fühlt und ein negatives Urteil oder Kritik hört, auch wenn keine da ist.

Bei einer Diskussion im Bekanntenkreis sagen Sie: „Für mich ist Heiraten nichts. Ich könnte nicht guten Gewissens sagen ‚Bis dass der Tod uns scheidet‘, weil mir das sehr lange vorkommt. Darum verstehe ich auch die Leute nicht, die schon nach wenigen Wochen zusammenziehen. Das kommt mir überstürzt vor, da kennt man sich ja noch gar nicht.“ Am nächsten Tag bekommen Sie einen wütenden Anruf eines Freundes: „Ich habe gehört, du hast gestern über uns hergezogen und gesagt, wir sind überstürzt zusammengezogen und unsere Beziehung hält nicht!“

„Nein, das ist ein Missverständnis, und ein sehr unangenehmes. Erst mal: Bitte entschuldige, dass das so bei dir angekommen ist! Es war nicht auf euch gemünzt und ich möchte auch nicht, dass du das so interpretierst. Wir haben darüber gesprochen, dass …“

… oder einfach richtigstellen:
„Stopp! Erstens habe ich das so nicht gesagt, was du zweitens hoffentlich auch nicht wirklich glaubst. (jetzt die sachliche Erklärung:) „Wir haben darüber gesprochen, dass …“

Aber Achtung: Es handelt sich nur um ein Missverständnis, wenn es auch eines war! Es geht nicht darum, ein Lästern zum Missverständnis umzudeklarieren.

Lästern ist nie eine schöne Sache. Ertappt zu werden sowieso nicht. Dazu stehen und Rückgrat zu beweisen wird Ihnen immer hoch angerechnet.

Der Drückeberger-Test

Lästern. Lügen. Laschheit. 90 % der „Kalt erwischt"-Szenarien sind hausgemacht. Der gemeinsame Nenner ist das Sich-drücken-Wollen: Davor, sich den Dingen zu stellen, das direkte Gespräch zu suchen und zu handeln.

Kreuzen Sie an: Wie viel Drückeberger steckt in Ihnen?

	sehr oft	hin und wieder	nie
■ Ich nutze Ausreden.	☐	☐	☐
■ Ich lüge (inkl. Notlügen!).	☐	☐	☐
■ Ich rechtfertige vor mir selbst, wenn ich etwas nicht rechtzeitig/gut gemacht habe.	☐	☐	☐
■ Ich verpasse Termine.	☐	☐	☐
■ Ich werde auf gleiche Fehler hingewiesen.	☐	☐	☐
■ Andere halten mich für unsorgfältig/ schlampig.	☐	☐	☐
■ Ich lasse mir etwas durchgehen.	☐	☐	☐
■ Ich kommentiere Aussehen und Verhalten anderer.	☐	☐	☐
■ Wenn mich etwas stört, beklage ich mich intensiv bei Dritten.	☐	☐	☐
■ Bei Meinungsverschiedenheiten rede ich mit anderen statt mit dem Betreffenden.	☐	☐	☐

Malen Sie neben jede „Sehr oft"-Aussage ein Alarmglöckchen: Denn das sind Ihre Hauptauslöser, die zu Ertappt-Situationen führen. Schauen Sie sich auch die „Hin und wieder"-Sätze näher an: Warum ist das so, dass Sie manchmal ausweichen? Klopfen Sie sich für alle „nies" auf die Schulter! Die Selbstmanagementtipps („Managen Sie sich", Teil 1 und 2) nützen Ihnen, Ihren Drückebergeranteil zu senken.

7. In den Fettnapf getreten

„Soll ich Ihnen einen runterholen?"

Vom Fauxpas bis zum No-go

In Fettnäpfchen zu treten, ist so eine Sache: Denn je nachdem, welches Kaliber der Fettnapf hat, geht die Spanne von einer kleinen Taktlosigkeit über eine mittlere Verletzung bis hin zu einem empfindlichen Schlag in die Magengrube. Übrigens für beide Seiten: Es gibt Fettnäpfe, die das Bild, das andere von Ihnen haben, komplett verändern und sogar Beziehungen beschädigen können.

Die Sache mit den Grenzen

Ein kleiner Fauxpas wird meistens leichter verziehen – auch wenn er einem selbst noch so peinlich ist. Besonders harmlos kommen die *Freud'schen Versprecher* daher, bei denen Ihnen der Fettnapf erst untergeschoben wird. Zum Beispiel, wenn Sie dem Kunden versichern: „Sie können sicher sein, dass ich Sie über den Tisch ziehen werde!" Schwieriger wird es schon mit dem No-go, für das wir im Deutschen die schöne Redewendung „Das geht gar nicht!" haben. Aber was geht eigentlich „gar nicht"? Das wiederum hängen wir an unseren Werten, unserer Erziehung und unserem Umfeld auf. Und oft genug ist es maßgeblich abhängig von unserem Selbstbewusstsein. Denn „was man nicht macht“, ist auch oft tatsächlich das, was man selbst nur deswegen nicht tut, weil man sich nicht traut.

Dieses „Das macht man nicht“ ist sowieso tückisch. Stellen Sie sich folgende Situationen vor:

- Ihre Freundin präsentiert Ihnen voller Stolz ein neues Outfit. Es ist von Farbe und Schnitt furchtbar unvorteilhaft. Ist es taktvoll, die Freundin so rumlaufen zu lassen? Oder wünscht sie sich nicht gerade von Ihnen, dass Sie ehrlich sind?

- Auf einer Party ergibt sich eine Gesprächsrunde rund um Gehälter. Sie sind neugierig, was der selbstständige Ingenieur so verdient. Darf man einen Fremden nach Geld fragen?

- Ein naher Angehöriger ist schwer erkrankt. Alle schleichen auf Eierschalen um ihn herum und sprechen in Durchhalteparolen, obwohl die Lage klar ist. Die Enkelin im Teenageralter fragt: „Opa, hast du Angst vorm Sterben?“

An diesen Beispielen sehen Sie, dass die Sache gar nicht so klar ist. Entscheidend ist in erster Linie, wie die andere Person es einschätzt. Ist die Freundin vielleicht dankbar, wenn Sie so ehrlich sind, sie darauf hinzuweisen, inwiefern das Outfit unvorteilhaft ist? Dem Ingenieur macht es möglicherweise überhaupt nichts aus, dass Sie ihn nach seinem Verdienst fragen (er kann ja vage bleiben oder sagen, dass er das nicht preisgeben möchte). Und was ist mit dem Opa, der ja ganz sicher Gedanken an den Tod hat? Ist es nicht seine Entscheidung, wie er mit der Frage umgeht?

Das, was der eine als Fettnapf ansieht, muss überhaupt keiner sein!

Bleiben wir noch mal kurz bei Konventionen. Das Gefühl, dass etwas peinlich sein könnte, schneidet Sie auch davon ab, das zu bekommen, was Sie sich wünschen. Sagen wir, Sie würden als Frau nie einen Mann ansprechen, der Ihnen gefällt, weil „man das nicht tut“. Sie wollen sich nicht blamieren, indem Sie es doch tun oder gar einen Korb riskieren. Nun ist der Mann aber sehr schüchtern und spricht Sie auch nicht an. Zack. Vielleicht war das die Liebe Ihres Lebens, die es alles andere als peinlich gefunden hätte, wenn Sie den ersten Schritt gemacht hätten. Mehr dazu, wie Sie die Dinge für sich möglich machen, wenn Sie nicht so viel Angst davor haben, sich zu blamieren, in Teil 3.

Selbst wenn die andere Person ein Verhalten als Fehltritt einordnet, kann noch alles passieren. Sogar eine große Entgleisung ist für manche Menschen nicht weiter tragisch, zumal wenn sie es als Fehlverhalten einordnen und nicht als Absicht. Manche finden es sogar mutig oder erfrischend-frech, wenn jemand sich gegen übliche Regeln verhält. Stülpen Sie anderen also nicht Ihre Annahmen auf und lassen Sie sich von „der Gesellschaft“ nicht zu sehr beeindrucken!

Sie können jedem alles sagen, es kommt nur auf zwei Dinge an: auf Ihr Motiv (was bezwecken Sie damit?) und darauf, WIE Sie etwas sagen. Wenn Ihr Motiv wohlwollend ist, finden Sie auch die richtigen Worte.

Taktlosigkeiten und verletzte Grenzen

Der amerikanische Schauspieler Martin Short wurde in einer Talkshow vor laufender Kamera auf seine langjährige gute Ehe angesprochen: „Wie lange seid ihr jetzt schon verheiratet?“ Seine Antwort: „Wir ... verheiratet 36 Jahre ...“ Die Moderatorin hakte nach: „Und: Bist du immer noch verliebt in sie?“

Das Problem: Seine Ehefrau war bereits zwei Jahre zuvor an Krebs verstorben.

In diesem Fall, der verständlicherweise enorme Wellen schlug, haben beide Beteiligten sehr gut reagiert: Martin Short war zwar sichtlich aus dem Konzept, ist vor laufender Kamera nicht weiter darauf eingegangen. Die Moderatorin wurde erst in einer Werbepause aufgeklärt und hat sich anschließend vor laufender Kamera entschuldigt.

Bei derlei Gedankenlosigkeiten oder wenn sich das taktlose Verhalten aus dem Zusammenhang unglücklicherweise ergibt, ist die Situation entscheidend. Je nach Kaliber des Vorfalls können Sie:

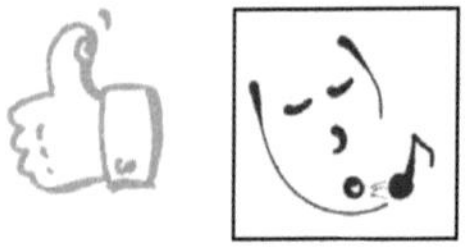

So tun, als ob nichts war: Wenn eine Taktlosigkeit nebenbei dahingesagt ist und gar nicht so richtig aufgefallen ist, ist es oft besser, einfach darüber hinwegzugehen und nicht auch noch die Aufmerksamkeit darauf zu richten.

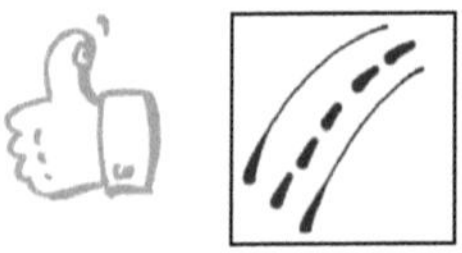

Die Situation elegant retten: Korrigieren Sie sich, kommentieren Sie die Taktlosigkeit oder kriegen Sie sogar gerade noch die Kurve. Das ist eine besonders souveräne Taktik, wenn man Ihnen eine Taktlosigkeit unterstellt.

Die Verantwortung übernehmen: Entschuldigen Sie sich für Ihre Taktlosigkeit aufrichtig – und konkret, ohne aber eine große Diskussion daraus zu machen.

Alle vier defensiven Werkzeuge sind natürlich wieder kontraproduktiv. Wir sehen uns gleich an, wie unterschiedliche „Kaliber“ aussehen und wie Sie die Werkzeuge der Anti-Blamier-Formel einsetzen können.

Und was ist mit Humor?

Humor ist doch eigentlich immer gut, um eine Situation zu entspannen? Ja. Das stimmt. Und für fast alle blamablen Vorfälle ist das Lachen für alle Beteiligten gut. Aber nicht, wenn es um Verletzungen geht!

Mein allererster Vortrag drehte sich ums Bewerben. Ganz interaktiv bat ich eine Frau aus dem Publikum: „Skizzieren Sie mir bitte grob Ihren bisherigen Lebenslauf.“ – „Eine Lehre im Einzelhandel, dann zwei Jahre in einer Bank, dann fünf Jahre Familienarbeit.“ – „Was genau haben Sie denn da gemacht?" – „Wo?" – „Na, bei der Familienarbeit." Ich dachte nämlich an Familienbetreuung à la Caritas. Als ich endlich verstand, dass die Frau zu Hause bei ihrer Familie war, brach es aus mir heraus: „Ach soooo! Und ich dachte, das war Arbeit!!"

Der Raum explodierte vor Lachen. Die Frau, um die es ging, sah mich an, als ob sie mich umbringen wollte. Ich regelte die Situation souverän, nahm das Gelächter wie einen Applaus entgegen und machte weiter. Erst rückblickend war mir klar: Die Situation habe ich gut – und mit einem Augenzwinkern – gemeistert, sehr souverän die Peinlichkeit umschifft, aber die Frau, um die es ging, habe ich zweimal verletzt. Erst durch ein tatsächlich harmloses Missverständnis. Und dann, indem ich locker-flockig eine kurze Show draus machte, dass sich alle kaputtlachten. In den Ohren dieser Frau habe erst ich einen Witz über ihre Zeit als Mutter und Hausfrau gemacht und anschließend hat das gesamte Publikum „über sie" gelacht.

Um auf Taktlosigkeiten richtig zu reagieren, braucht es Taktgefühl! Das Gute: Die meisten von uns haben eine sehr gute Vorstellung davon, was mögliche Grenzen überschreitet. Spätestens wenn eine entsprechende Reaktion kommt, merken wir: „Huch, das war jetzt nicht so gut, was ich da gesagt/getan habe." Entscheidend dafür, wie etwas angekommen ist, ist der Empfänger! Fühlt sich dieser verletzt oder bedrängt, zeigen Sie mit einer humorvollen Reaktion, dass Sie ihn nicht ernst nehmen. Sie machen dann alles nur noch schlimmer.

Missgeschicke und Versprecher

Eine Freundin erzählt: „Ich holte einen Kollegen aus dem englischen Haupthaus ab. Wir hatten bisher nur am Telefon und per E-Mail zu tun. Als ich ihn am Bahnsteig kennenlernte, hielt er die Arme etwas unglücklich und es sah so aus, als ob er mir aus London ein Geschenk mitgebracht hatte: „Oh, haben Sie mir was mitgebracht?!", sagte ich und deutete auf seinen stark vorgewölbten Mantel. „Nein, das bin alles ich!"

Es ist kein Wunder, dass von Fettnäpfchen gesprochen wird. Tatsächlich handelt es sich meist um Versprecher, unbedachte spontane Aussagen oder Fehlinterpretationen. Sie haben es nicht so gemeint. Das ist zum Glück auch anderen durchaus klar, selbst wenn sie im ersten Moment schockiert oder getroffen sind. Der Kollege wusste, dass meine Freundin keinen Witz über sein Gewicht machen wollte. Genauso wie eine Frau, die Sie fragen, wann ihr Entbindungstermin ist, natürlich verletzt sein wird, wenn sie gar nicht schwanger ist, im Regelfall aber gut unterscheiden kann, ob Sie es böse gemeint haben oder nicht.

Wenn der andere also direkt locker auf das „Fettnäpfchen" eingeht oder das Gespräch einfach weitergeht und Sie merken, dass alles okay ist, gehen Sie bitte gar nicht weiter drauf ein. Sie möchten ja weder das Spotlight darauf richten noch sich weiter reinreiten.

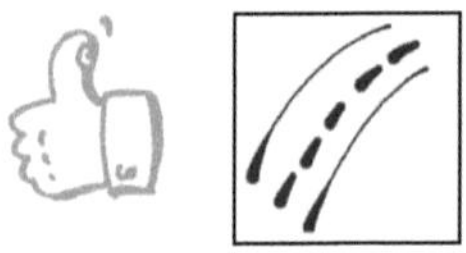

Die Kurve bekommen Sie, indem Sie die Situation entweder beim Reden korrigieren und das Gespräch in sichere Gewässer steuern (was in obigem Fall meiner Freundin nicht mehr geht, weil es schon passiert ist!).

Wenn Ihnen das Missgeschick sehr unangenehm ist und Sie an der Reaktion merken, dass Sie die andere Person verletzt oder verärgert haben, dann entschuldigen Sie sich bitte immer: „Bitte entschuldigen Sie meine unbedachte Bemerkung. Ich wollte Sie nicht verletzen!"

Machen Sie auch bei Entschuldigungen nie eine große Sache draus! Gerade bei Taktlosigkeiten vertiefen Sie die unangenehme Thematik nur noch. Wenn Sie sagen: „Bitte entschuldigen Sie meine unbedachte Bemerkung! Ich wollte wirklich nicht den Anschein erwecken, dass ich mich über Ihr Gewicht lustig mache", dann reden Sie lang und breit über das Gewicht Ihres Gegenübers! Jetzt wird es erst recht verletzend, weil Sie sich nur noch weiter reinreiten und verunglückte Schadensbegrenzung machen.

Ich besuchte jemanden mit einer schweren Nervenkrankheit im Hospital. Da ich hektisch die Zimmernummer suchte, achtete ich nicht auf die Stationen. Mitten im 3-Bett-Zimmer sage ich tröstend: „Wenigstens hast du nicht Krebs!“ Der Besuchte bekam tellergroße Augen und signalisierte, dass ich sofort aufhören sollte zu reden. Das Zimmer war auf der Onkologie. Aus Platzgründen hatte man ihn hierher gelegt.

Da es ein leises Vieraugengespräch war, war die kurze Bemerkung mit hoher Wahrscheinlichkeit gar nicht bis zu den anderen Betten hörbar. Eine Entschuldigung hätte dazu geführt, die Taktlosigkeit erst noch mal erklären zu müssen, und damit hätte die Sache nur noch dominanter im Raum gestanden.

(Einfach weiterreden und das Gespräch in sichere Gewässer lenken) „Die Medizin ist zum Glück heute schon so weit, dass sehr viele Krankheiten, die schlimm klingen, gut behandelt werden können.“

„Bitte entschuldigen Sie meine unachtsame Bemerkung. Im Angesicht von so ernsten Erkrankungen bin ich überfordert, die richtigen Worte zu finden.“

Bei den sprachlichen Missgeschicken gibt es auch noch die Freud’schen Versprecher, und die haben es besonders in sich, denn hier unterstellt man Ihnen, dass Ihr Unterbewusstsein die Wahrheit enthüllt. Zum Beispiel: „Ich habe vollstes Misstrauen in dich!“ Für die Freud’schen Versprecher gilt: Korrigieren Sie sich kurz und gehen Sie darüber hinweg oder nehmen Sie es augenzwinkernd. Wird Ihnen etwas unterstellt, ist es wichtig, das deutlich zurückzuweisen. Siehe „Reaktionen auf Ihren Tritt ins Fettnäpfchen“ am Ende des Kapitels.

Kräftig auf den Fuß getreten

Sie sitzen mit Ihrer Clique zusammen und werden nostalgisch, als jeder über seine erste Liebe redet. Sie schwelgen: „Ich habe nie wieder einen Mann so geliebt wie Christian!“ Leider sitzt Ihr neuer Freund Rainer daneben.

Damit sind wir bei den großen Kalibern, die anderen einen Schlag in die Magengrube versetzen. Das ist nicht immer vorab erkennbar, denn auch eine harmlos gemeinte Bemerkung kann andere treffen.

„Im siebten Monat bin ich! Denkt ihr auch an Kinder?“ Ihr Gegenüber verzieht schmerzhaft das Gesicht, denn sie probieren schon seit vielen Jahren verzweifelt, ein Kind zu bekommen.

Sie wissen nie, was in anderen vorgeht und was wunde Punkte sind. Es kann auch sein, dass Sie über einen Bekannten sprechen und sich dabei über etwas echauffieren, was Ihr Gegenüber trifft, auch wenn es gerade gar nicht um ihn geht. Auf der anderen Seite kann man natürlich auch nicht überhaupt nichts mehr sagen, weil ja alles eine potenzielle Tretmine sein könnte.

Ihr Taktgefühl können Sie jedoch schulen, indem Sie auf die Reaktion Ihres Gegenübers achten. Neben eindeutigen Anzeichen, dass der andere getroffen ist, gibt es weitere Anzeichen, dass Sie jemandem gerade auf den Fuß gestiegen sind:

- Die Person wird plötzlich einsilbig oder wechselt schnell das Thema.
- Sie vertritt besonders vehement eine Gegenposition oder hat auffällig viel Verständnis/Mitleid mit jemandem/einer Sache.
- Es kommt ein unvermittelter Gegenangriff (z. B. eine Vorhaltung oder schnippisches Verhalten).

In diesen Fällen ist es eine gute Idee, bedacht vorzugehen, also entweder durch Fragen auszuloten, warum dem anderen das Thema so wichtig ist, oder indem Sie Ihre Vermutung äußern, dass Sie irgendwas Unpassendes gesagt haben.

Wenn Sie darauf aufmerksam geworden sind – oder gemacht werden –, dass Sie jemandem durch einen Fettnapf so richtig auf den Fuß getreten sind, gibt es nur eins: Entschuldigen Sie sich! Ohne weiter auf der Sache herumzureiten.

Eindeutig zweideutig?

Beim Teamwochenende mit der Abteilung wird gekegelt. Der Chef ist in einer Mannschaft mit seinen drei Mitarbeiterinnen. Es wird gescherzt und die Punkte notiert. Der Chef plant voraus. Er braucht eine 18, dann ist das Spiel gewonnen. Er verkündet: „Alles, was ich heute noch will, ist 6, und zwar drei Mal!“

Es gibt so vieles, das man sexuell auslegen kann, dass man diesen verbalen Missgeschicken gar nicht komplett ausweichen kann. Ein Schelm, der etwas in diesem Kontext deutet. Doch halt! Manchmal sind wir es sogar selbst und reiten uns dann erst in eine Peinlichkeit hinein.

Bei Zweideutigkeiten haben Sie prinzipiell zwei Möglichkeiten:

kurz und schmerzlos erledigen

Sie gehen kurz korrigierend darauf ein oder nahtlos darüber hinweg. Macht jemand eine Bemerkung oder fängt an zu lachen, können Sie das gezielt überhören.

(mit)lachen

Sie können darüber schmunzeln, machen entweder selbst eine entsprechende Bemerkung oder lachen mit, wenn jemand Sie auf die Zweideutigkeit hinweist.

Das mit dem Darüber-lachen-Können hat eine wichtige weitere Qualität: Es gibt Menschen, denen es gefällt, andere aufzuziehen, wenn sie verlegen sind. Wer sich bei sexuellen Anspielungen sichtbar windet, fordert solche Leute erst dazu auf, dass sie dieses Peinlichkeitsgefühl auf die Spitze treiben. Je mehr man Ihnen also ansieht, dass Sie peinlich berührt sind, desto unterhaltsamer ist es, Sie damit zu konfrontieren. Dann wird es schlimmstenfalls zum Sport im Freundes- oder Kollegenkreis, Sie rot anlaufen zu sehen. In diesem Fall ist es darum die beste Wahl, auf andere so souverän zu wirken wie nur möglich. Keine Sorge! Sie dürfen trotzdem rot werden. Das tut der Souveränität keinen Abbruch.

Im Falle unseres Kegelabends ist die Sache klar: Da gibt es nichts zu überhören oder zu korrigieren. Da stimmt der Chef einfach in das Gelächter seiner Mitarbeiterinnen mit ein. Das Setting ist locker, die Mitarbeiterinnen wissen, wie es gemeint ist, und auch wenn der Chef sich vielleicht innerlich an die Stirn schlägt, so lacht er herzlich mit und kegelt weiter.

Was aber ist mit der Frau auf dem Bild vorne, die vor dem Ordnerregal steht und ihren Kollegen fragt, ob sie ihm einen runterholen soll?

Wenn der Kollege rot anläuft (was auch passieren kann!) oder verschmitzt lacht, kann sie so tun, als ob sie sich der Zweideutigkeit nicht bewusst ist. Am besten ist es, sich auf das aktuelle Gespräch zu beziehen, zum Beispiel: „Die Planungen bis zurück zu 2009 sind noch hier, aber davor ist alles im Keller."

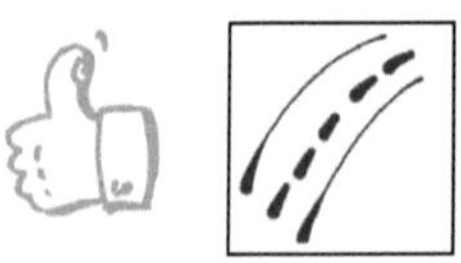

„Einen Ordner runterholen!" (kann von zusammengezwickten oder rollenden Augen begleitet werden) oder einfach kurz, freundlich kommentieren „Jaja!" (normal weiterreden) oder „Wirklich?" (gespielt die Augenbraue hochziehen).

Wenn Sie die Situationskomik ehrlich lustig finden, lachen Sie los! Das gibt anderen die Lizenz zum Lachen und mindert auch deren Verlegenheit. Denen ist die Zweideutigkeit vielleicht sogar unangenehmer als Ihnen.

Oder Sie schlagen sich übertrieben eine Hand vor den Mund und reißen die Augen theatralisch auf. Da kommt auch das Erröten besonders gut.

Ein anderer echter Fall:
In einem Vortrag über Konflikte bindet ein Trainer sein Publikum ein. Er will einen Punkt durch ein Beispiel plastischer machen, pickt sich eine Frau aus der vorderen Reihe und sagt in sein Mikrofon: „Wenn wir zwei jetzt was miteinander haben ..."

Die Frau sagt schlagfertig: „Ohooooo!" Alles lacht. Hier können Sie nicht einfach so tun, als ob nichts gewesen sei. Das war keine kleine Nebenbemerkung, sondern alle Leute im Saal sind sich der Zweideutigkeit bewusst. Da in diesem Fall die Beteiligte offensichtlich Humor beweist, ist die beste Reaktion, die der Trainer hier zeigen kann, Humor. Alles andere ließe ihn jetzt in der Gunst der Leute sinken.

Er kann sich stolz in die Mitte stellen, die Arme ausbreiten, wissend schauen – und souverän das Gelächter über sich wegrollen lassen. Das schwillt bei so einer Reaktion zunächst weiter an. Er kann sich noch tief verbeugen.

Er kann aber auch das „Ohooooo!" der Frau belustigt wiederholen – „Oh! Ein ‚*Ohooooo*'!", dann mit weit aufgerissenen Augen ins Publikum schauen und mit einem wissenden Blick zurück auf die betreffende Frau schauen. Oder, wenn das Gelächer aufhört, sagen: „Ich hoffe wirklich sehr, dass Sie nicht verheiratet sind!" oder „Bitte sagen Sie mir, dass Ihr Mann kein Preisboxer ist".

Wichtig ist: Kurz witzig drauf eingehen, dann aber weitermachen. Sie wollen das Spotlight nie zu intensiv auf den Vorfall richten, auch wenn die Situation für alle ganz positiv ist. Es geht um eine souveräne, witzige, aber auch kurze Reaktion, die den Vorfall abschließt.

Zum Abschluss noch eine etwas anders interpretierte Frage einer Freundin:

„Ich war zur Nachuntersuchung meines Bänderrisses beim Doktor. Ein sehr attraktiver Mann, nicht viel älter als ich. Die Untersuchung war vorbei, alles gut verheilt. Ich sage: ‚Sehen wir uns dann noch mal?', und sobald ich es ausgesprochen habe, windet sich der Arzt sichtlich. Der hat gemeint, ich mache ihn an!"

In so einem Fall wäre Humor keine gute Wahl, weil – entgegen der Frau im Publikum eben – das Gegenüber sichtlich gerade ins Schleudern kommt. Auch wenn sie das Missverständnis aufklärt („Ich meine wegen meines Fußes!"), steht er blöd da, weil er es so zweideutig aufgefasst hat. Hier ist die eleganteste Lösung, noch schnell die Kurve zu bekommen:

(Weiterreden, als ob sie noch nicht fertig war)
„Oder ist keine weitere Untersuchung mehr nötig?"

Politisch unkorrekt

Kürzlich wurden bei einem Münchener Lokalsender zwei junge Leute gefeuert: Eine Moderatorin hatte am 1. Mai, *dem Tag der Arbeit*, launig gesagt „Arbeit macht frei", woraufhin einige Hörer empört angerufen haben, weil das ja wohl gar nicht geht, Scherze über den Holocaust zu machen. Eine noch jüngere Praktikantin versuchte, eine Anruferin zu beschwichtigen: „Nehmen Sie es doch mit Humor!"

Es ist sehr unwahrscheinlich, dass die beiden überhaupt wussten, dass dieser bekannte Spruch über den Toren einiger Konzentrationslager stand (wie übrigens auch „Jedem das Seine"). Das wissen nicht mal viele ältere Leute. Und doch wird diesen beiden Leuten unterstellt, sich über den Holocaust lustig gemacht zu haben.

Das mit der politischen Korrektheit ist nicht so ganz einfach. Denn eigentlich steckt dahinter ja ein hehres Ziel: der Wunsch nach einem respektvollen Umgang miteinander und nach Taktgefühl. Genau wie bei den Freud'schen Versprechern wird jedoch gerne eine Menge hineininterpretiert: Da werden Leute, die ganz unschuldig etwas sagen, als rassistisch angeprangert, ihnen eine verbale Ohrfeige erteilt oder man lässt sie vor anderen das Gesicht verlieren. Wenn die Politisch-inkorrekt-Karte gespielt wird, prallen Überzeugungen und Befindlichkeiten aufeinander. Darum sind in diesem Fall nur zwei Werkzeuge empfehlenswert:

Etwas zugeben, klug fragen oder sich entschuldigen.

Die Sache souverän richtigstellen, kommentieren oder elegant retten.

Aber Achtung! Schnell schlagen hier die Wellen hoch, vor allem, wenn Sie sich ungerecht behandelt fühlen oder den anderen für übersensibel – oder gar für einen Heuchler – halten. Darum ist bei jeder Reaktion besonders wichtig, dass der Ton stimmt: Machen Sie sich nicht über andere lustig, polemisieren Sie nicht und greifen Sie nicht an. Auch wenn Sie sich eine Unterstellung verbitten oder die übertriebene politische Korrektheit albern finden, gilt immer das Ziel, souverän zu bleiben.

Was also, wenn Sie etwas sagen, das in einen unglücklichen Kontext gerückt wird? Da müssen wir jetzt einige Varianten unterscheiden:

Sie finden die Unterstellung albern

In der Mittagspause waren Sie beim Einkaufen und wollen Ihren Kollegen etwas Gutes tun: „Ich hab Negerküsse mitgebracht!“

Autsch! Ein verbotenes Wort, wie Ihnen ein Kollege mit betroffenem Blick mitteilt. Das heißt seit langer Zeit „Schaumkuss“ oder „Schokokuss“. Wer noch immer „Neger“ sagt, ist ein Rassist. Sie sind peinlich berührt. Nicht wegen des Wortes, denn Sie würden es nie in anderem Kontext verwenden, aber in diesem Zusammenhang ist es für Sie einfach harmlos. Diese übertriebene politische Korrektheit finden Sie albern. Dass Ihr Kollege Sie deswegen im Großraumbüro als rassistisch darstellt, bringt Ihr Blut in Wallung.

Wichtig für Ihre Reaktion ist es jetzt, was Sie möchten: Wollen Sie eine Diskussion über das Wort „Negerkuss“, Rassismus oder generell politische Korrektheit führen? Möchten Sie einfach nur etwas richtigstellen oder die Unterstellung zurückweisen? Oder wollen Sie das Thema sofort wieder in der Versenkung verschwinden lassen, denn eigentlich hatten Sie ja gerade voller Freude eine Runde Süßkram für alle mitgebracht? Je nachdem sieht Ihre Reaktion anders aus:

„Das weiß ich, und ich bin sehr dafür, umsichtig mit Worten umzugehen. Doch diese politische Korrektheit hat für mich Grenzen, zum Beispiel beim harmlosen ‚Negerkuss‘, mit dem wir alle aufgewachsen sind.“
Oder: „[Name des Kollegen], leiten Sie wirklich aus dem Wort ‚Negerkuss‘ ab, dass ich Rassist bin?“ (Blickkontakt halten und freundlich-abwartend schauen)

(Blick auf die Schachtel, was draufsteht) „... danke für den Hinweis. Schokokuss.“
Oder: „Ich hoffe doch sehr, dass du mir nicht gerade Rassismus unterstellst. Aber danke für den Hinweis. Möchte also noch jemand einen Schokokuss?“
Oder das Thema links liegen lassen und neutral die Frage wiederholen: „Möchte noch wer was Süßes?“

Sie erschrecken über die Implikation

Im Freundeskreis erzählt man sich gerade Geschichten über miesen Kundenservice. Da haben Sie natürlich auch eine! Erst letzte Woche hat man Sie bis zur Vergasung in einer Warteschleife hängen lassen ...

Ein unangenehmes Schweigen folgt. Oha. Haben Sie da wirklich gerade „bis zur Vergasung" gesagt? Wie geschmacklos! Sie erschrecken total: Nie im Traum hätten Sie das darauf bezogen, Sie sind sich ganz sicher, dass sich die Redewendung auf die physikalischen Aggregatzustände bezieht. Also alles ganz harmlos ... eigentlich.

Sie können einfach zugeben, dass Sie einen Fauxpas begangen haben: „Du liebe Zeit! Ich habe diesen Spruch noch NIE in dem Zusammenhang gesehen!"
Oder/und klärend nachfragen: „Seid ihr sicher, dass diese Redewendung damit zusammenhängt? Ich beziehe das schon immer auf die Aggregatzustände – flüssig, fest, gasförmig."
Oder: „Entschuldigt bitte. Ich war mir dieser Interpretation noch nie bewusst, weil ich sicher war, dass es sich auf die Aggregatzustände bezieht, ihr wisst schon: fest, flüssig, gasförmig. Ich werde mir diese Redewendung abgewöhnen."

Wenn Sie nicht weiter darüber reden wollen, ist das Werkzeug „elegant retten" die bessere Wahl, bei der Sie kommentieren, sich korrigieren aber dann sofort weiterreden:

„Das stimmt! Der Spruch ist wirklich unpassend, auch wenn ich sicher bin, dass er sich auf die Aggregatzustände bezieht – fest, flüssig, gasförmig. Aber zurück zum Thema: Endlich geht der Hotline-Mensch ran und ..." (ursprüngliche Geschichte weitererzählen)

Bei allen Antwortbeispielen stellen Sie richtig, dass Sie nicht absichtlich eine geschmacklose Bemerkung gemacht haben.

Sie sind sich einer Sache nicht bewusst

„Meine Nachbarin hat auch ein mongoloides Kind.“

Ihr Gesprächspartner schaut geschockt und klärt sie auf, dass das ein sehr abfälliger Begriff sei. Es heiße Down-Syndrom oder Trisomie 21.

„Das ist mir jetzt ganz unangenehm! Vielen Dank für den Hinweis.“
Oder: „Ich wusste nicht, dass man ‚mongoloid‘ nicht mehr sagen soll! Ich dachte immer, ‚Down-Syndrom‘ soll man nicht sagen. Wissen Sie, was die beste Bezeichnung ist?“

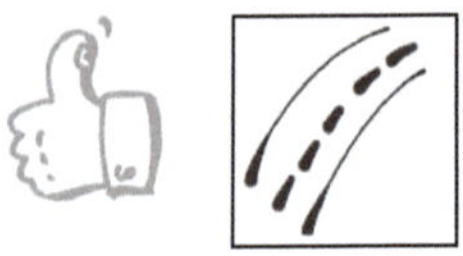

„Vielen Dank für die Korrektur! Meine Nachbarin hat eine Tochter mit Down-Syndrom, die …“

Vorurteile machen sich bemerkbar

Im Gegensatz zu den Freud'schen Versprechern zeigt sich in vielen Bemerkungen tatsächlich unser Schubladendenken. Oft ist uns das gar nicht so klar beziehungsweise wir denken uns einfach nichts dabei, denn viele taktlose Bemerkungen sind nicht nur einfach Gedankenlosigkeit, sondern basieren auf unseren inneren Überzeugungen: „Ich hasse diese rücksichtlosen Nichtraucher!“, „Die Eltern von heute haben ihre Kinder nicht mehr im Griff, besonders schlimm sind die Alleinerziehenden“ oder „Hartz-Vierler sind alles Schmarotzer, die zu faul zum Arbeiten sind!“. … Alle Pauschalaussagen haben das Potenzial zu Taktlosigkeiten, alleine schon, weil wir andere in einen Topf werfen. Und dieser Topf ist meistens kein guter. Jeder von uns hat alle möglichen Vorurteile, auch Sie!

Nehmen wird ein ähnliches Beispiel wie das mit der Arbeitslosigkeit aus dem Selbsttest im 1. Kapitel: Bei einer Feier lassen Sie sich negativ über Mütter aus, die mehrere Kinder von verschiedenen Vätern haben. Was Sie nicht wissen, ist, dass jemand mit genau dieser Situation am Tisch sitzt. Jetzt gibt es verschiedene Möglichkeiten:

- Sie mögen diese bestimmte Mutter und fühlen sich wegen der Bemerkung schlecht.
- Sie wissen eigentlich, dass Ihr Rundumschlag nicht haltbar ist, denn nur weil jemand eine „normale“ Familie hat, heißt das ja nicht, dass die Kinder glücklicher und die Elternteile automatisch besser sind.
- Sie stehen prinzipiell zu Ihrer Meinung, aber es ist nicht Ihre Absicht, dieser speziellen Mutter an den Karren zu fahren.

Je nachdem können Sie das in Ihre Reaktion einfließen lassen.

„Bitte verzeihen Sie! Ich will Sie nicht angreifen.“
Und/oder: „Das klingt so pauschal sehr harsch, aber ich meine es nicht gemein. Für mich ist das traditionelle Elternhaus einfach ein sehr hoher Wert.“
Und/oder: „Ich bitte um Entschuldigung, das war blöd von mir, so pauschal alle in einen Topf zu werfen.“

„Ich habe in meinem Umfeld so viele Patchwork-Familien, Stiefgeschwister, zerstrittene Ex-Partner, dass ich in dieser Hinsicht einfach desillusioniert bin.“
Oder mit Zusatz: „Aber mir ist gleichzeitig schon klar, dass das Leben nicht immer planmäßig verläuft und auch ‚das Ideal‘ nicht zwangsläufig besser ist.“

Rudern Sie bitte nicht einfach zurück à la „War nicht so gemeint“, wenn Sie schon dieser Meinung sind. Erklären Sie dann lieber, was Sie meinen, damit die Anwesende es nicht persönlich nehmen muss, Sie aber nicht nur einknicken, um einer peinlichen Situation aus dem Weg zu gehen. Und lernen Sie fürs nächste Mal gegebenenfalls daraus, Ihre Meinung nicht vorschnell oder gar zu harsch herauszuposaunen (siehe das Kapitel „Kalt erwischt“).

Bitte seien Sie bei solchen persönlichen Themen besonders taktvoll! Bevor Sie eine Diskussion anfachen, bedenken Sie bitte, wo Sie gerade sind. Eine Grillfeier mit lauter Leuten ist wirklich nicht der Platz, eine Grundsatzdiskussion anzufangen, erst recht nicht, wenn eine Person sich wie vor einem Tribunal fühlt.

Reaktionen auf Ihren Tritt ins Fettnäpfchen

Bei Fettnäpfchen heißt es, auf ganz verschiedene Reaktionen gefasst zu sein. Diese beziehen sich auf den Inhalt, der Ihnen unterstellt wird, oder haben mit der Reaktion auf den Fettnapf zu tun: Ihrer eigenen Verlegenheit oder dem peinlichen Berührtsein anderer.

Eine andere Person richtet das Spotlight auf das Fettnäpfchen

In manchen Situationen wirken Umstehende wie ein Verstärker: Sie wiederholen einen Patzer, der gar nicht groß aufgefallen ist, oder treten darauf herum, dass Sie sich taktlos verhalten haben, vielleicht auch nur in den Augen dieser Person. Hören und schauen Sie genau hin: Ist es eine spontane Reaktion? Will Sie jemand necken, meinte es also nicht böse, oder haben Sie eher das Gefühl, jemand macht sich lustig?

- „Uhoh: Fettnapf!"
- „Du hast jetzt nicht wirklich [wiederholt den Vorfall] gesagt/gemacht?!"
- „Ganz schön unsensibel!"

Wenn Sie das Gefühl haben, dass Sie jemand bloßstellen möchte, sollte Ihre Reaktion etwas schärfer ausfallen – aber immer souverän. Siehe auch die Hinweise zu „Klare Grenze ziehen" ganz am Ende dieses Kapitels.

Nehmen wir den Vorfall mit dem Kinderwunsch. Sie haben eine Bekannte gefragt, ob sie auch schon an Kinder denke, und erfahren nun, dass sie es schon lange vergeblich versucht. Damit könnte es erledigt sein, aber eine der Anwesenden lässt es nicht auf sich beruhen und sagt: „Das war aber jetzt ein großes Fettnäpfchen!" Mit den folgenden defensiven Reaktionen rühren Sie die Sache weiter auf – das wäre nicht nur für Sie unangenehm, sondern vor allen Dingen für die betroffene Bekannte, für die das Thema Kinderwunsch schmerzlich ist. Wenn Sie der Nachtreterin nun Taktlosigkeit vorwerfen, ist das alles andere als souverän und fordert diese dazu heraus, sich zu verteidigen. Dann geht es erst richtig los. Darum ist es Ihr Ziel, die Sache jetzt sofort zu beenden, natürlich souverän!

Keine gute Reaktion:

„Das kann ich doch nicht wissen, dass X keine Kinder kriegen kann!“

„Ich fühle mich total schlecht!“ (an die Betroffene:) „Bitte verzeih mir. Ich hatte ja keine Ahnung!“

„Kinder sind so ein schönes und harmloses Thema, ich wollte da nichts aufrühren …“

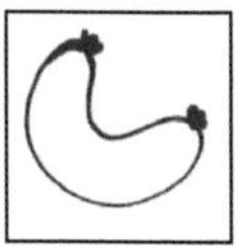

„Dann sag ich besser gar nichts mehr, bevor ich in weitere Fettnäpfchen trete!“

Souverän agieren:

„Das stimmt. Man weiß nie, was Themen für jemanden bedeuten.“

Ignorieren Sie die Anmerkung, wechseln Sie das Thema oder gehen Sie weg, z.B. auf Toilette.

„Ja, das war nicht meine Absicht.“ (nahtlos das Thema wechseln)

Humor ist bei Themen, bei denen jemand verletzt ist, nie angebracht.

Sehr beliebt – und gemein! – ist es auch, jemanden mit Verlegenheitssignalen aufzuziehen:

- „Warum wirst du denn jetzt so rot?“
- „Ooooooh, Sie sind ja ganz verlegen!“
- „Sie stottern ja so rum!“

Bitte seien Sie selbst so nett, andere nicht auch noch damit zu necken, wenn Sie merken, dass ihnen etwas peinlich ist. Macht das jemand mit Ihnen, helfen Ihnen die Tipps im Kapitel „Sichtbar peinlich“.

Sie merken, dass Anwesende peinlich berührt sind

Im Englischen heißt das peinliche Schweigen auch „Grillen zirpen hören“: der Moment, wo man etwas sagt und der ganze Raum totenstill wird und alle betreten schauen. – Auch wenn Anwesende es nicht laut aussprechen, merken wir an vielen Signalen, dass wir uns gerade danebenbenommen haben.

- peinliches Schweigen
- wegschauen, erröten, nach Worten suchen
- aufgerissene Augen, vielsagende Blickwechsel

Auch mit solchen nonverbalen Situationen heißt es souverän umzugehen! Halten Sie es bitte nicht passiv aus, denn das verlängert diese unangenehme Reaktion nur noch. Besser ist es, auch damit aktiv umzugehen. Wenn Ihnen die Reaktion unerklärlich ist, fragen Sie nach:

Keine gute Reaktion:

(in angriffslustigem Ton) „Warum schaut ihr jetzt alle so?“

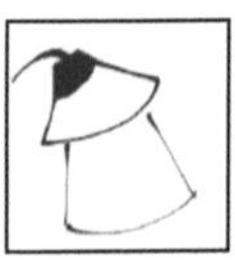

Rumstammeln, ängstlich fragen, ob Sie etwas falsch gemacht haben

Souverän agieren:

„Offenbar habe ich mich gerade irgendwie in die Nesseln gesetzt. Bitte klärt mich auf.“

Wenn Sie wissen, worum es geht, oder sich nicht weiter der Situation aussetzen möchten, wechseln Sie das Thema oder gehen Sie kurz weg.

Das, was Sie gesagt/getan haben, wiederholen und fragen, was daran jetzt so schlimm sei.

„O-kay. Offenbar bin ich gerade in ein Fettnäpfchen getreten. Also schleunigst raus und das Thema gewechselt: …"

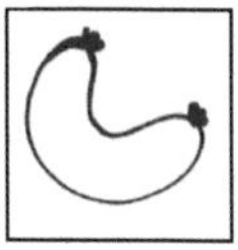

„Offenbar heißt es: alle gegen einen. Jaja, [eigener Name] hat wieder was falsch gemacht!"

„Ich stimme feierlich ins peinliche Schweigen ein." (betroffenen Blick aufsetzen und schweigen)

Achtung: Sich einfach der Situation zu entziehen oder gar mit Humor darauf zu reagieren, ist nur eine gute Ideen, wenn Sie die Leute gut kennen und wenn vorher nichts Drastischeres geschehen ist.

Man unterstellt Ihnen etwas

So mancher Fettnapf wird konstruiert, weil andere etwas als „peinlich" empfinden oder Ihnen eine Absicht unterstellt wird, wie zum Beispiel bei den Freud'schen Versprechern. Dann konfrontiert man Sie entweder direkt, indem man Ihnen etwas in den Mund legt, oder Sie merken an der beleidigten oder aggressiven Reaktion, dass Ihr Gegenüber etwas in den falschen Hals bekommen hat.

- „Du willst damit wohl sagen, dass …"
- „Bist du echt der Ansicht …"
- oder jemand spricht für Sie: „[Ihr Name] meint …"

Da hilft nur eins: richtigstellen. Nehmen wir das Missverständnis mit der Familienarbeit: Mein Gegenüber war für einige Jahre nicht berufstätig. Ich habe den Begriff „Familienarbeit" missverstanden und gesagt: „Ach so, und ich dachte, das war Arbeit!" Sagen wir, die Betroffene hätte mir vor allen vorgeworfen: „Ganz schön überheblich, dass Sie meinen, Mutter zu sein sei keine Arbeit!"

Keine gute Reaktion:

„Das hat nichts mit überheblich zu tun. Sie haben von ‚FamilienARBEIT' gesprochen!"

„Ja, das klingt überheblich, aber ich kann Ihnen allen versichern, dass ich das Muttersein nicht unterschätze und ..."

„In der Werbung ist es populär, von Familienarbeit und -management zu reden. Offiziell gilt es aber nicht als Arbeit."

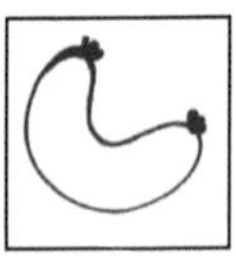

„Mein Missverständnis war harmlos, aber Ihre Unterstellung hier ist auch nicht gerade nett."

Souverän agieren:

„Ich verstehe, dass Sie sich über meine spontane Reaktion ärgern. Bitte entschuldigen Sie. Es war einfach ein Missverständnis."

„Vielen Dank, dass Sie betonen, wie unglücklich meine Reaktion war. Es war lediglich ein Missverständnis zum Wort ‚Familienarbeit'" (Themawechsel)

„Ich habe es nicht so gemeint, wie es offensichtlich ankam. Mir ist klar, dass Hausfrauen und Mütter sehr viel leisten." (kurze Pause, damit das bei allen ankommt, dann das Thema wechseln)

Humor ist in diesem Fall nicht angemessen, weil es die Betroffene und das Thema auf die leichte Schulter nimmt.

Der andere lässt nicht locker

Mitunter reitet jemand gnadenlos auf einer unglücklichen Bemerkung herum. Hier nehmen wir als Beispiel einen Freud'schen Versprecher, weil viele Leute unterstellen, dass Ihr Unterbewusstsein die Wahrheit verraten hat:

- „Soso, das denken Sie also wirklich über mich!“
- „Die Psychologie hat schon lange bestätigt, dass man bei solchen Versprechern unwillkürlich die Wahrheit sagt. Da brauchst du dich nicht rauszureden!“

Angenommen, Sie wollten Ihrer besseren Hälfte eine Liebeserklärung machen und haben in einer E-Mail geschrieben: „Ich kann mir mein Leben ohne dich vorstellen.“ Das geht jetzt nach hinten los, denn anstatt es einfach als Schreibfehler abzutun, flippt Ihr/-e Partner/-in aus.

Keine gute Reaktion:

„Oh Mann! Stellst du jetzt wirklich wegen eines Schreibfehlers unsere Beziehung infrage?“

„Bitte verzeih mir! Das war wirklich blöd. Ich hätte die E-Mail unbedingt noch mal durchlesen sollen vorher ...“

Souverän agieren:

„Das war ein unglücklicher Schreibfehler. Ich hoffe, du stellst nicht wirklich unsere Beziehung infrage?“

„Das war einfach ein Schreibfehler. Mehr nicht.“

„Es ist doch klar, dass ich meinte ‚nicht vorstellen'. Andererseits: Realistisch betrachtet ist das natürlich so pauschal nicht so …"

„Ich lerne, meine E-Mails künftig Korrektur zu lesen. Ganz offiziell: Ich kann mir mein Leben ohne dich nicht vorstellen!"

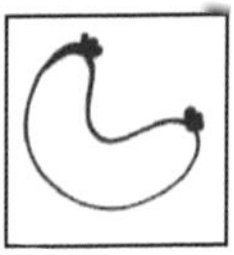

„Notiz an mich selbst: Besser gar keine Liebeserklärungen mehr machen."

„Mal im Handbuch nachsehen … ah hier: Freud'sche Verschreiber sind einfach ein Zeichen für Schlampigkeit beim Satzbau. Puh, nichts mit Unterbewusstsein!"

Wird Ihnen etwas Krasseres unterstellt oder beharrt jemand weiterhin darauf? Dann heißt es deutlicher werden und *eine klare Grenze ziehen:*

- „Ich habe bereits richtiggestellt, dass [kurz wiederholen]. Die Angelegenheit ist geklärt."
- „Warum reiten Sie weiterhin auf dieser Sache herum?" (freundlich-sachlich unverwandt Blickkontakt halten, bis eine Antwort kommt)

Test: Ihr individueller Fettnapf-Faktor

Wenn Sie im Selbsttest im 1. Kapitel öfter eine D-Situation als „peinlich“ angekreuzt haben, dann stellt sich die Frage, ob Sie solche Vorfälle nur scheuen oder tatsächlich häufiger in Fettnäpfchen treten.

Kreuzen Sie alles an, was auf Sie zutrifft:

- ☐ Ich bin ein direkter Mensch, der es nicht mag, um den Brei herumzureden.
- ☐ Man sagt mir oft, ich benehme mich wie die Axt im Wald (grob/unsensibel/ungehörig).
- ☐ Ich kann viel vertragen, habe ein dickes Fell und kann mich wehren.
- ☐ Ich plappere oft drauflos, ohne groß zu überlegen.
- ☐ Ich sage anderen gerne meine Meinung darüber, was richtig oder falsch ist.
- ☐ Ich gebe dauernd ungefragt Rat und Verhaltensempfehlungen („Das habe ich kommen sehen", „Wenn du dich so verhältst, ist es ja kein Wunder ...", „An deiner Stelle ...").
- ☐ Ich mische mich ein, ohne Zusammenhänge zu kennen (z. B. eine Vorgeschichte, Beziehungen, Krankheitssymptome ...).
- ☐ Ich bin über Etikette, Umgangsformen, Sitten ... oft nicht informiert (z. B. kulturelle Unterschiede, Benehmen auf unterschiedlichem Parkett).
- ☐ Ich bin nicht besonders einfühlsam, kann mich also schlecht in Gefühle und Befindlichkeiten anderer versetzen.
- ☐ Ich kokettiere oft mit meinem Geschlecht, IQ und mache gerne Anspielungen.

Je mehr Kreuze Sie gemacht haben, desto höher ist Ihre individuelle Fettnapf-Wahrscheinlichkeit. Interessanterweise gilt für diese Fragen genau das, was für die ganze Fettnäpfchen-Thematik gilt: *Besonnenheit geht mit Taktgefühl einher!*

8. Zu weit aus dem Fenster gelehnt

„Ich sage Ihnen lieber nicht, dass ich mein Wohnzimmer mit Bildern von Ihnen tapeziert habe."

Anderen nicht mehr in die Augen sehen können

Zuerst die gute Nachricht: Wenn Sie im Selbsttest im 1. Kapitel häufig eine E-Situation angekreuzt haben, dann sind Sie ein aktiver Mensch. Sie gehen schon mal ein Risiko ein, etwa indem Sie etwas versprechen oder sich trauen, etwas von sich preiszugeben. Das ist gut! Und doch bringt es ein gewisses Unsicherheitspotenzial mit sich. Das Bild mit dem Fenster ist ganz wunderbar: In dem Moment, wo man sich weiter hinauslehnt, gibt man Kontrolle auf. Wenn Sie sich nun etwas zu weit rauslehnen, könnten Sie sogar fallen. Nie ist die Fallhöhe größer, als wenn es um Gefühle geht. Wir vertrauen anderen etwas an. Andere vertrauen uns. Wird dieses Vertrauen enttäuscht, können wir anderen oft buchstäblich nicht mehr in die Augen sehen. In diesem Kapitel sehen wir uns drei sich steigernde Gefühlsenttäuschungen an:

Erwartungen
Gehen zwei Menschen von unterschiedlichen Erwartungen aus, gibt es oft einen Clash, der zu verletzten Gefühlen führt. Das führt zu Blessuren an Herz, Ego und Beziehungen.

Versprechungen
„Versprochen ist versprochen und wird auch nicht gebrochen." Nicht umsonst besiegelt der Handschlag nach wie vor eine Absprache. Denn jetzt bürgt man mit seiner Ehre. Peinlich wird es, wenn jemand nicht zu seinem Wort steht, denn jetzt steht die Zuverlässigkeit und meist noch sehr viel mehr auf dem Spiel.

Offenbarungen
Etwas Vertrauliches preiszugeben, macht uns verletzlich und angreifbar. Erst recht, wenn wir unsere Gefühle offenbaren.

In diesen diffizilen Situationen ist einmal mehr eine offensive Haltung gefragt:

Stehen Sie zu dem, was passiert ist.

Stellen Sie gegebenenfalls etwas richtig.

Wenn Vorfall und Beziehung passen: Nutzen Sie Humor.

Sie hatten anderes erwartet

Sie waren so sicher, dass Sie die Beförderung bekommen, dass Sie schon allen in Ihrem persönlichen Umfeld davon erzählt haben. Eine große Feier haben Sie versprochen. Doch plötzlich wird Ihnen ein Externer vor die Nase gesetzt.

Dass wir nicht hellsehen können, wissen wir zwar, aber trotzdem versuchen wir es immer wieder: Wir spekulieren, was andere über uns denken. Wir nehmen an, wie andere auf etwas reagieren, was wir sagen oder tun. Wir rechnen uns Chancen aus … oder gehen mit der Erwartung in eine Situation, eh den Kürzeren zu ziehen.

Peinlich kann es werden, wenn wir einen falschen Schluss aufgrund eigener Erwartungen ziehen und diesen verkünden (oder bereits danach handeln, als hätten wir etwas schon in der Tasche). Kennen Sie noch „Nur die Liebe zählt?“, die Sendung mit Kai Pflaume? Dort haben sich immer wieder Hoffnungsvolle gemeldet und in aller Öffentlichkeit ihre Liebe gestanden oder gar Heiratsanträge gemacht. Natürlich mit der festen Erwartung, dass die andere Person Ja sagen wird. Niemand geht ins Fernsehen, um vor Millionen einen Korb zu kassieren.

Erwartungen sind gut, wenn sie konstruktiv sind (statt uns zurückzuhalten). Dennoch ist es wichtig, wie bei den Spekulationen, immer klar zu wissen: Das sind Annahmen, keine Tatsachen!

Wenn Sie aber nun schon gehandelt haben? Zum Beispiel Ihrer Familie und Freunden von der bevorstehenden Beförderung erzählt haben? Dann können Sie sich die Peinlichkeit nehmen, wenn Sie es von sich aus selbstbewusst richtigstellen, bevor jeder einzeln nachfragt oder Ihnen vielleicht sogar gratuliert!

Keine gute Reaktion:

„Mein Chef hat mir bekräftigt, dass er unbedingt mich wollte, aber der Vorstand hat auf einem Externen bestanden."

„Anscheinend hält man mich nicht für gut genug für eine Führungsaufgabe."

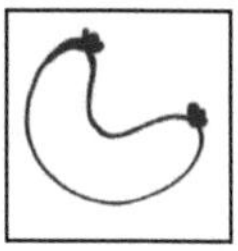

„Man hat mich übergangen! Ab jetzt mache ich Dienst nach Vorschrift!"

Souverän agieren:

„Ich habe die Stelle nicht bekommen. Dabei war ich so sicher. Sehr enttäuschend!"

„Zu früh gefreut! Gestern habe ich erfahren, dass die Stelle an einen Externen geht."

„Soll man jetzt den Tag nicht vor dem Abend loben oder bin ich in dem Fall das blinde Huhn ...?"

Auch Erwartungen, die andere an uns haben, können peinlich sein. So z. B., wenn jemand annimmt, dass wir etwas Bestimmtes denken oder tun – und danach aus seiner Sicht handelt: Wenn der Chef einen Externen einstellt, weil er davon ausging, dass Sie eh kein Interesse an der Führungsposition haben, weil Sie das früher mal erwähnt haben oder Sie einfach nie entsprechende Ambitionen gezeigt haben. Oder wenn Ihr/-e Lebenspartner/-in davon ausgeht, dass Sie gerne zusammenziehen möchten, Sie aber bei dem entsprechenden Vorschlag plötzlich aus allen Wolken fallen.

In diesen Fällen ist es wichtig, dass Sie den Blamagefaktor auch immer für die andere Person möglichst klein halten: Also nicht ein „Waaaas?" oder „Wie kommst du auf die Idee?" hinknallen, sondern genauso umsichtig damit umgehen, wie Sie es sich bei einer falschen Erwartung wünschen.

Sie können/wollen Ihr Versprechen nicht halten

Sie haben also den Mund zu voll genommen und können – oder wollen – Ihre Versprechung nicht halten. Jetzt kommt die Stunde der Wahrheit: Sie gestehen von sich aus ein, dass es nichts wird, oder werden an Ihr Versprechen erinnert. So oder so kann das ganz schön peinlich werden, denn jetzt brechen Sie Ihr Wort. Das führt in jedem Fall zu Enttäuschung, und je nachdem, was Sie versprochen haben, sogar zu drastischeren Konsequenzen. Wenn Sie wiederholt etwas nicht einhalten, leidet Ihr Image oder sogar die Beziehung zum anderen. Hat sich Ihr Gegenüber auf Ihr Versprechen verlassen und kommt nun wegen Ihres Rückzugs in die Bredouille, kann ihn das Zeit, Geld, Nerven ... oder Schlimmeres kosten.

Drei häufige Versprechensbrecher sind:

- **Sie haben es von Haus aus nicht ernst gemeint.**

Klar sollte man nur versprechen, was man auch einzuhalten gedenkt, aber denken Sie mal an eine der häufigsten Versprechungen im Vorbeigehen: Sie treffen jemanden auf der Straße, machen ein wenig Small Talk und sagen „Ich ruf dich an!" ... oder bekräftigen die Frage, mal gemeinsam einen Kaffee zu trinken: „Ja, das machen wir mal!" – und das, obwohl Sie nicht die Absicht haben, das jemals zu tun.

→ *Es kommt vor, dass etwas wie ein Versprechen klingt, obwohl es keines sein sollte.*

- **Sie können nicht abliefern.**

Vielleicht haben Sie vorschnell eine zu günstige Prognose gestellt: Sie wollten geliehenes Geld zum nächsten Monatsbeginn zurückzahlen, schaffen es aber bis dahin nicht. Zu dem Zeitpunkt, wo Sie Ihrer alleinstehenden Nachbarin versprochen haben, sie zum Arzt zu begleiten, wollen Sie jetzt doch lieber wegfahren. Oder Sie haben im Namen eines Dritten etwas versprochen, was nicht klappt.

→ *Es kommt vor, dass auch die aufrichtigsten Versprechungen nicht eingehalten werden.*

- **Sie machen einen Rückzieher.**

Sie haben Ihrem Freund versprochen, sich endlich scheiden zu lassen – und das in diesem Moment sogar gemeint –, tun es aber dann doch nicht. Das Versprechen gegenüber der Freundin, den Hund regelmäßig zu hüten, wenn sie sich einen zulegt, das Sie nicht einhalten, weil Sie keine Zeit und Lust haben. Die gemeinsame Geburtstagsfeier, die sich immer mehr zum Absprachenalptraum auswächst, sodass Sie keine Lust mehr darauf haben.

→ *Es kommt vor, dass man das Versprechen später doch nicht einhalten kann oder will.*

Wie Sie an diesen Versprechensbrechern sehen, ist ein Großteil davon vermeidbar: Einfach indem Sie sich in erster Linie mal auf die Zunge beißen, bevor Sie etwas versprechen, was Sie überhaupt nicht tun wollen. Und indem Sie darauf achten, nicht vorschnell etwas zuzusagen, über das Sie keine hundertprozentige Kontrolle haben. Dazu gehören vor allem Versprechungen, die andere betreffen: „Der Nachbar meines Schwagers kann gut Autos richten, der wechselt dir den Auspuff sicher günstig aus", „Meine Kollegin hat einen Einkaufsausweis in diesem Outlet, die deichselt sicher was, damit du auch reinkommst!" ... Immer wenn das Versprechen von der Zusage eines anderen abhängt, heißt es vorsichtig mit den Formulierungen zu sein. Idealerweise sprechen Sie unter vier Augen mit der betreffenden Person, damit Sie diese nicht von vornherein in Zugzwang bringen. Denn sonst hat diese den Schwarzen Peter, weil sie IHR Versprechen nicht einhält.

- **Was tun, wenn Sie Ihr Versprechen nicht halten können?**

Bei jedem Versprechen geht es zum einen um die Sache, die Sie versprochen haben, und zum anderen um die emotionale Schiene: die Verlässlichkeit, die Verbundenheit, die Dankbarkeit, das Miteinander ... Darum ist es immer wichtig, dass Sie Farbe bekennen, sobald klar wird, dass Sie ein Versprechen nicht einhalten können. Zögern Sie es bitte nicht hinaus, zu beichten, wenn etwas nicht klappen wird. Je peinlicher einem das ist und je mehr auf dem Spiel steht, desto mehr neigt man dazu, die Ankündigung zu vermeiden ... oder doch noch darauf zu hoffen, dass es irgendwie geht. Das kann so weit gehen, dass man Augenwischerei vor sich selbst betreibt und denkt, es wird sich schon irgendwie noch was fügen und das Hindernis ausräumen („Ich habe kein Geld zum Zurückzahlen, aber vielleicht komme ich ja in den nächsten Tagen doch noch irgendwie zu Geld!“, „X hat abgelehnt, mir diesen Gefallen zu tun, aber vielleicht kann ich ihn noch umstimmen“, „Ich will an diesem einen Tag lieber ins Freiluftkino gehen, aber vielleicht regnet es ja, dann hat es sich eh erledigt“).

Ein Versprechen, das erst kurz vorher gebrochen wird, oder womöglich sogar stillschweigend, sodass Sie die Peinlichkeit auf den Moment hinauszögern, wo der andere darauf aufmerksam wird, ist immer schlimmer, als wenn Sie von sich aus aktiv werden, sobald klar ist, dass es Schwierigkeiten gibt.

Nehmen wir die Beispiele von eben: Sie haben sich Geld geliehen und wollten es zum nächsten Monatsbeginn zurückzahlen. Sie waren sicher, dass bis dahin ein Kunde seine Rechnung bezahlt, aber jetzt hat er angerufen, dass er selbst nicht zahlen kann, und um Ratenzahlung gebeten. In diesem Fall heißt es wieder, den Stier bei den Hörnern zu packen:

„Ich bin dir sehr dankbar, dass du mir ausgeholfen hast. Ich wollte dir unbedingt die fünfhundert Euro nächste Woche gleich zurückzahlen. Doch jetzt hat mich mein Kunde angerufen, dass er selbst Zahlungsschwierigkeiten hat und nur Raten zahlen kann! Es ist mir sehr unangenehm.“ (Und nun muss ein Lösungsvorschlag kommen, z. B. einen ersten Teilbetrag bezahlen oder fragen, ob ebenfalls eine Ratenzahlung möglich ist. Je konkreter diese Lösung ist, desto besser, aber diese bitte unbedingt einhalten! Also realistisch sein.)

Gleiches mit der Nachbarin, der Sie versprochen haben, sie zum Arzt zu begleiten:

„Wegen dem 15. Da hatte ich ja versprochen, Sie zum Arzt zu begleiten. Ich habe eine Einladung für ein verlängertes Wochenende bekommen, die ich unbedingt annehmen möchte." (Plan B ist es, eine Entschuldigung anzuschließen. Plan A ist es, der Nachbarin einen Ersatz zu liefern, also bereits eine andere Nachbarin, die Sie beide mögen, schon gebeten zu haben, es zu übernehmen. Oder eine Taxi-Fahrt oder einen Krankenbegleitdienst.)

Wenn Sie vorschnell für eine dritte Person ein Versprechen gegeben haben, dann bitte nicht etwas sagen wie „Leider hat X keine Lust" oder „Ich habe Y gefragt, und er macht es zu meiner Bestürzung nicht", denn dann lassen Sie diese schlecht aussehen. Das wäre doppelt unfair, zumal die Person gar nichts von Ihrer voreiligen Zusage wusste. Also auch hier: Bitte Farbe bekennen.

„Ich hatte Ihnen gestern voreilig versprochen, dass der Nachbar meines Schwagers Ihnen das Auto richtet. Dabei kann ich das gar nicht versprechen, ich kenne den Mann gar nicht persönlich und will meinen Schwager jetzt nicht in Zugzwang bringen. Bitte entschuldigen Sie, dass ich so vorschnell war. Ich kann gerne vorfühlen, ob der Mann generell Autos richtet und zu welchen Konditionen."

Ob Sie augenzwinkernd mit einem gebrochenen Versprechen umgehen, hängt – wie gesagt – davon ab, worum es geht und wie Sie zum Gegenüber stehen. „Worum" ist auch hier natürlich nicht unbedingt gleichbedeutend mit dem aktuellen Inhalt: Wenn Sie versprochen haben, Milch vom Supermarkt mitzubringen, und der andere Sie gutmütig auf Ihre Vergesslichkeit hinweist, ist die Bahn frei für Lockerheit. Wenn die vergessene Milch den anderen wirklich ärgert und stellvertretend für Ihre permanente Unzuverlässigkeit steht, ist Humor fehl am Platz.

■ Was tun, wenn Sie Ihr Versprechen nicht halten wollen?

Jetzt heißt es, mutiger zu werden: Denn wenn Sie ein Versprechen nicht einhalten wollen, dann muss gerne mal die Notlüge herhalten. Offen dazu zu stehen, dass man ein Versprechen nicht einhalten wird, ist schon unangenehm genug, da erscheint es zumindest attraktiver, wenn man einen Grund nennen kann, warum es nicht geht, anstatt dazu zu stehen, dass man nicht will.

Das mit den Notlügen ist allerdings tückisch. Denn erstens bergen Lügen die Gefahr, ans Tageslicht zu kommen (siehe Kapitel „Kalt erwischt"). Zweitens sind sie in der Regel nur eine Einzellösung. Wenn Sie der Freundin versprochen haben, auf ihren Hund aufzupassen, können Sie nicht jedes Mal Bauchweh, Geschäftsreisen oder private Einladungen vorschützen, wenn es so weit ist. Abgesehen davon, dass die Freundin latent nach wie vor an Ihrer Zusage hängt und sich bei jeder Absage ärgert, bringen Sie sich selbst unter Druck, weil Sie immer wieder irgendwas erfinden müssen. Das kann so weit gehen, dass Sie sich auch sonst nicht mehr normal benehmen: „Eigentlich wäre ich mit der Freundin heute gerne einen trinken gegangen, aber ich habe ihr erst für gestern einen Korb gegeben" oder „Ich habe gesagt, dass ich Kopfweh habe, also kann ich heute nicht ins Kino, falls sie mich sieht".

Es ist nie schön, wenn wir ein Versprechen brechen, weil wir einfach nicht wollen. Und die Wahrscheinlichkeit, dass wir andere enttäuschen oder gar verletzen, ist gegeben. Aber das ist unterm Strich für alle besser, als rumzulügen. Vor allem, weil man die Dinge ein für alle Mal klären kann:

„Ich muss dir was beichten. Als ich dir versprochen habe, auf deinen neuen Hund aufzupassen, habe ich das von ganzem Herzen gemeint. Jetzt merke ich, dass ich einfach kein Hundemensch und Spaziergeher bin."

Schweigen und abwarten. Dann können Sie auf das reagieren, was Ihre Freundin sagt. Wenn sie enttäuscht ist, können Sie vereinbaren, ob Sie wenigstens im Notfall den Hund nehmen, oder gemeinsam beraten, welche Alternativen es gibt.

Gleiches gilt für Rückzieher: Sie haben etwas zugesagt, zum Beispiel die gemeinsame Geburtstagsfeier, die Mitarbeit an einem Projekt oder einen Urlaub mit Freunden, aber jetzt merken Sie, dass Sie das nicht mehr möchten, weil schon in der Vorphase klar wird, dass Sie unterschiedliche Vorstellungen haben:

„Es ist mir ganz unangenehm, aber das mit der Gemeinschaftsparty wird mir zu groß und zu kompliziert. Ich habe die Freude verloren. Lass uns noch mal grundsätzlich abgleichen, was wir wollen. Wenn wir auf einen gemeinsamen Nenner kommen, ist alles gut. Ansonsten feiern wir getrennt."

„Ich bin sehr verlässlich in meiner Arbeit, und ich halte mich an Zusagen. Aber ich habe gemerkt, dass mir diese Art der Projektzusammenarbeit nicht liegt und ich ein Einzelkämpfer bin. Darum werde ich den ersten Projektabschnitt wie versprochen noch beenden. Suchen Sie sich zum April bitte einen Ersatz."

„Wie wir in den Vorbereitungen schon sehen, haben wir extrem unterschiedliche Vorstellungen, wie der Urlaub aussehen soll. Das geht nicht gut! Darum werde ich nicht mit dir gemeinsam in Urlaub fahren."

Fällt Ihnen wieder die Wortwahl auf? Wie im Kapitel „Kalt erwischt" näher beschrieben, ist es extrem wichtig, Entscheidungen klipp und klar zu verkünden. Das klingt teilweise etwas drastisch, aber es ist sehr wichtig, damit Ihre Botschaft beim anderen ankommt.

Es ist eine wertvolle Qualität, wenn Sie zu Ihrem Wort stehen, aber bitte tun Sie das nie auf Biegen und Brechen, wenn es Ihnen nicht gut mit etwas geht! Lieber einen klaren Strich ziehen, als zu leiden.

Sie offenbaren mehr von sich, als Sie eigentlich wollen

Im Bewerbungsgespräch schaut der Personaler aufs letzte Zeugnis und sagt: „Das klingt, als ob es Unstimmigkeiten gab in der letzten Stelle …“ Erwartungsvoll schaut er den Bewerber an. Dessen Gesicht hat sich versteinert und wirkt fast hasserfüllt.

So weit … so gut: Wir können unsere Gefühle nicht immer verbergen (siehe das Kapitel über „Sichtbare Peinlichkeiten“), aber wann immer uns Emotionen übermannen, laufen wir Gefahr, zu viel von uns zu offenbaren: Der Bewerber, der nicht mehr daran denkt, dass er gerade sich selbst für eine neue Stelle empfiehlt, fängt an, ausgiebig über die schlechten Erfahrungen in der alten Firma herzuziehen. Oder Sie haben ein Date mit jemandem und fangen plötzlich an, in einer Tour über Ihre eben gescheiterte Beziehung zu sprechen. Gefühle sind nicht peinlich, aber unkontrolliert – und ungefiltert – Dinge von sich preiszugeben, das kann Sie in einem sehr schlechten Licht erscheinen lassen. Jetzt gibt es zwei Stufen:

- **Sie ertappen sich in dem Moment dabei, wo sich die Schleusen öffnen (oder schon leicht geöffnet haben).**

	Beispiel Job-Interview:	**Beim Date:**
	„Bitte entschuldigen Sie meine Reaktion. Sie sehen, ich bin noch immer aufgebracht.“ (jetzt konstruktiv auf die neue Stelle fokussiert erzählen)	„Ich kann nicht fassen, dass ich hier mit dir sitze und über meine Ex-Beziehung rede. Themawechsel … aber schnell.“ (dann lächeln und etwas fragen)
	(Sie hauen die Handbremse rein, gehen nicht darauf ein und schwenken auf die neue Stelle um:) „Ich habe aus einigen unguten Erfahrungen gelernt, dass …“	(Wenn noch nicht so viel raus ist, einfach die Kurve kratzen und umschwenken auf das Hier und Jetzt. Ggf. mit einem einleitenden:) „Schluss mit den alten Geschichten! …“

Wenn es Ihnen entspricht und Sie in der Lage dazu sind, dürfen Sie auch locker das Ruder herumreißen:

Beispiel Job-Interview:

„Hui, jetzt ist der Blutdruck mit mir durchgegangen. Sieht man die Halsschlagader sehr deutlich?" (amüsiert schauen und dann auf aktuelle Stelle schwenken)

Beim Date:

(abbrechen, Pause machen und in feierlicher Stimme ankündigen) „... und der Preis für ungeschicktestes Verhalten beim ersten Date geht an mich!"

- **Sie haben bereits etwas zu viel gesagt, was Sie bereuen und blamabel finden.**

Beispiel Job-Interview:

„Verzeihen Sie, da sind die Gäule mit mir durchgegangen. Ich will nicht über die alte Firma schimpfen, es war auch vieles gut."

„Fragen Sie mich, was ich von meiner Antwort eben halte." (Kunstpause und auf das reagieren, was der Personaler sagt)

„Wenn Ihre nächste Frage ist, was ich gerne erfinden würde, dann ist es Zeitreisen. Dann mache ich die letzten Minuten ungeschehen."

Beim Date:

„Bitte entschuldige. Das wirkt etwas verbittert. Die letzte Zeit war einfach total schlimm, und das kommt manchmal noch durch."

„Es war nicht alles schlecht. Aber das ist eh Vergangenheit. Lass uns von Erfreulicherem reden! ..." (Thema wechseln)

„Ich versinke gleich im Erdboden! Schnell, sag du auch was Peinliches, dann schäme ich mich nicht mehr so."

Nun gibt es natürlich auch die gezielte Offenbarung. Wir lehnen uns zum Beispiel aus dem Fenster, indem wir jemandem unsere Gefühle offenbaren.

■ **Sie blitzen ab.**

Sie sind nicht so der Typ, der das andere Geschlecht anspricht. Jetzt haben Sie sich endlich ein Herz gefasst und um ein Date gebeten. Kaum haben Sie das ausgesprochen, sehen Sie den erschrockenen Reh-im-Autoscheinwerfer-Blick Ihres Gegenübers. Oh nein! Wie kommen Sie aus der Nummer wieder raus, ohne Ihr Gesicht zu verlieren?

Abzublitzen ist für die meisten Menschen ein Alptraum. Denn das kommt einer persönlichen Zurückweisung gleich. Auch wenn es viele Gründe dafür gibt, dass jemand uns einen Korb gibt, ist es uns superpeinlich – erst recht, weil es vor Publikum passiert. Doch auch wenn es unter vier Augen war, hat es unsere Angebetete/unser Angebeteter mitbekommen. Oft handelt es sich auch noch um jemanden aus unserem näheren Umfeld, den wir wiedersehen werden. Und jetzt?

Versuchen Sie nicht, so zu tun, als ob es keine große Sache ist! Denn das ist leicht zu durchschauen und wirkt dann noch unangenehmer – für beide Seiten.

Wenn Sie cool genug sind, können Sie die Kurve kratzen:

„Wer nicht fragt, kann nicht gewinnen!" (lächeln und die Schulter zucken)

... oder Sie sagen ganz offen, was Sache ist. Aber Achtung! Überlegen Sie sich vorher gut genug, wie Sie im Falle einer Absage damit umgehen möchten. Denn ein „sind wir wenigstens Freunde" bekommt einem nicht, wenn man eigentlich verliebt ist oder das Gefühl hat, bleibend blamiert zu sein, weil man sich offenbart hat.

(freundlich, aber direkt:) „Autsch. Der Korb tut weh. Ich muss mir erst mal die Wunden lecken."
Oder:
„Ich habe mir wirklich gewünscht, dass du ‚ja' sagst."

Und wenn Sie ein lockerer Typ sind oder zumindest in der Lage, überzeugend nach außen zu sein, dann ist Humor eine gute Idee – das macht es für Sie beide leichter. Bitte aber nichts ins Lächerliche ziehen!

„In meinem Horoskop heute früh stand noch, ich bin heute anfällig für Herzkrankheiten."

Exkurs: Gefühle müssen Ihnen nie peinlich sein!

Schauen wir uns mal die Bandbreite an menschlichen „Zuständen" an:

traurig zerknirscht enttäuscht	unsicher zweifelnd ängstlich	genervt verärgert aggressiv	zufrieden ausgeglichen locker	erleichtert ausgelassen verliebt	glücklich fröhlich umarmte Welt

Die jeweilige Verfassung sieht man uns oft an der Nasenspitze an: hektische Flecken, unsere Stimme, unser Blick. Wenn ich Sie jetzt frage, für welche Gefühle Sie sich in der Öffentlichkeit schämen, denken Sie wahrscheinlich an Tränen, Wutausbrüche und Verzweiflung. Denn diese zeigen deutlich, was gerade in uns vor sich geht.

Doch das ist zu kurz gegriffen! Oft schämen wir uns auch für positive Gefühle: Wenn die Kollegin gerade durch ihre Scheidung alles verloren hat, Sie aber gerade glücklich verliebt sind. Wenn der Freund keine Arbeit findet, es bei Ihnen beruflich so gut wie nie läuft. Oder wenn jemandem etwas Schlimmes zugestoßen ist und Sie sich denken: „Zum Glück ist das nicht mir passiert!“ Auch im Vergleich mit anderen sind uns Gefühle, Verhaltensweisen und Gedanken oft peinlich.

- **Bitte stehen Sie zu Ihren Gefühlen!**

Wir können gar nicht alles mit Logik zurückdrängen, und doch versuchen wir es oft. „Ich bin so enttäuscht, aber das sollte ich nicht …“, „Diese Reaktion macht mich total wütend, aber ich muss doch gelassen sein!“. Klar ist es gut, seine Impulse kontrollieren zu können, damit man nicht alles ungefiltert an anderen auslässt. Aber damit Impulskontrolle gelingt und Sie mit Ihren Emotionen umgehen können, müssen Sie sie erst mal wahrnehmen und nicht unterdrücken.

- **Trauen Sie sich, anderen Einblick zu geben!**

Andere dürfen sehen, wenn Sie herzhaft lachen. Warum sollten sie nicht sehen dürfen, wenn Ihnen zum Weinen ist? Sind Ihnen Gefühle peinlich, beschäftigen Sie Ihr Gehirn mit Schamgefühlen, was das Denken erschwert und sich erst recht schlecht anfühlt. In dem Moment, in dem Sie annehmen können, dass Sie halt mal rot werden oder bei Ihnen Tränen laufen, bleiben Sie viel entspannter – trotzdem! – und handlungsfähiger.

9. Sichtbar peinlich

Nicht alles, was Ihnen peinlich ist, ist eine Blamage

Vieles lässt sich kaschieren. Nur nicht das, was andere sofort erkennen können. Nehmen wir zwei Redner. Beide sind nervös. Dem einen merken Sie es nicht an. Er wirkt bemerkenswert gelassen, spricht flüssig und bewegt sich sicher. Der andere Redner spricht ebenfalls souverän, aber hat deutlich gerötete Wangen und wirkt zappelig. Muss ihm das peinlich sein? Nein! Außer er ist Präsentations- oder Selbstsicherheitstrainer, denn dann erwartet man natürlich einen selbstsicheren Auftritt. Doch Aufgeregtheit an sich ist nicht nur keine Blamage, sondern für die meisten bei einer öffentlichen Rede sogar der Normalfall.

In diesem Abschnitt setzen wir uns damit auseinander, was andere sehen, riechen, hören, schmecken oder fühlen können. Denn das lässt sich schlecht verbergen und oft nicht mal eben so überspielen, zum Beispiel:

- Sie haben etwas runtergeworfen, vollgekleckert oder kaputtgemacht. Oder Sie sind hingefallen oder gegen eine Glastür gerannt.
- Der Kollege sieht auf Ihrem Bildschirm eine peinliche Internetseite (das kann alles sein: von der Sex-Seite über eine Partnervermittlung bis hin zu den Teletubbies).

- Sie haben gerülpst, gefurzt, gespuckt. Ihnen ist ein Tampon aus der Tasche gefallen. Oder Sie mussten so sehr lachen, dass Sie sich in die Hose gemacht haben.
- Vielleicht ist es auch gar nicht so drastisch, sondern Sie schämen sich einfach, weil Sie sich auf fremdem Parkett bewegen.
- Oder Sie halten sich für zu klein/zu groß, zu dick/zu dürr, zu schön/zu hässlich ... der Minderwertigkeitskomplex lässt grüßen!

Haben Sie im Selbsttest im 1. Kapitel viele F-Situationen angekreuzt, ist das genau Ihr Kapitel!

Als ob das noch nicht genug wäre, kommt bei allen sichtbaren Peinlichkeiten oft noch eine körperliche Reaktion hinzu. Zum Beispiel, wenn Sie rot anlaufen, weil Sie sich blamiert fühlen, und Ihnen das Erröten obendrauf peinlich ist. Oder wenn Sie der peinliche Moment so aus dem Konzept bringt, dass Sie ins Stottern kommen. Da hilft es wenig, wenn Umstehende das auch noch aufgreifen („Jetzt wirst du aber rot!!") oder Ihnen eine emotionale Reaktion als Taktik unterstellen („Na logisch, jetzt heulen Sie los und spielen die Hilflose!").

Vieles wird Ihnen trotzdem peinlich sein. Mir auch. Trotzdem hilft das Wissen: Umstehende nehmen viele dieser Dinge oft nicht mal wahr und vor allen Dingen nicht krumm. Wenn ich mir anschaue, wie viele Männer ich schon getroffen habe, die sich für viel zu klein gehalten haben, was mir nicht mal aufgefallen ist (oder ich sogar praktisch fand, weil man dann bequemer küssen kann)!

Ein Erröten, Nervosität oder ein körperliches Missgeschick mag manchmal ein spontanes Lachen oder einen intensiven Blick auslösen, doch auch dafür gilt: Andere leiden mit oder sind erleichtert, dass sie gerade nicht in Ihrer Situation sind. Und die wenigen, die darauf herumreiten oder Ihnen ein schlechtes Gefühl geben, sind Trottel. Ich kanns nicht anders sagen. Deshalb geht es in diesem Kapitel darum:

- dass Sie Gegebenheiten und Unkontrollierbares einfach akzeptieren müssen.

- wie Sie in die Offensive gehen können.
- wie Sie sichtbare Peinlichkeitssignale aushalten können.

Denn: Es ist, wie es ist.

Klingt zu einfach? Ich weiß! – Und doch steckt hier die ultimative Selbstsicherheit: im Bewusstsein, dass Sie die Realität akzeptieren. Ihre Statur ist gerade eine Realität, genauso wie Ihr Haarausfall, die vom Nasenbluten versaute weiße Bluse, die verheulten Augen oder Ihre rote Birne. Sich in solche Gegebenheiten noch reinzusteigern, ist jetzt kontraproduktiv, weil Sie sich nur noch mehr verrückt machen. Also schalten wir doch auf Lösungsorientiertheit. Das Gute ist nämlich, dass Sie damit viel schneller wieder die Fassung erlangen und handlungsfähig bleiben.

Vom Kaffeefleck bis zum entfleuchten Furz

Für alle sichtbar peinlichen Angelegenheiten gelten besonders diese beiden Don'ts:

Richten Sie nie auch noch das Spotlight auf sich! Weder auf das, was man peinlicherweise sieht (riecht, hört, schmeckt oder fühlt), noch auf Ihre Scham oder Verlegenheit.

Rechtfertigen Sie sich nicht und fahren Sie bitte auch nie wie ein Igel seine Stacheln aus, indem Sie zum Gegenangriff blasen. Das passiert besonders schnell, wenn wir uns persönlich angegriffen fühlen.

Wenn Sie beides bleiben lassen, umschiffen Sie die meisten peinlichen Situationen, weil Sie kein Aufhebens darum machen. Alles, was nicht vermeidbar ist, geht ohne große Blamage ganz schnell vorbei. Erst recht, wenn Sie sich nicht reinsteigern!

Empfehlenswerte Werkzeuge bei sichtbaren Peinlichkeiten sind alle vier offensiven Verhaltensweisen:

Der Stier. | Das Drüber-weggehen. | Die Kurve kratzen. | (Mit)lachen können.

Am meisten hilft Ihnen für echte, innere Souveränität ein ausgeprägter Sinn für Humor. Den hat man gerade, wenn man sich blamiert fühlt, nicht automatisch. Aber Sie können ihn sich antrainieren!

In diesem Kapitel wird es teilweise so richtig persönlich. Von manchen Peinlichkeiten, denkt man, kann man sich nie mehr erholen. Bitte glauben Sie mir:

- Es gibt immer Schlimmeres (das klingt wie eine unschöne Prophezeiung, hilft Ihnen aber, im Ernstfall zu relativieren).
- Alles geht vorbei. Alles, alles, alles, alles, auch die peinlichste Situation, die Sie sich vorstellen können, gerät in Vergessenheit und verliert rückblickend ihren Schrecken.

Missgeschicke sind keine große Sache

Immer mal passieren uns einfach kleine Missgeschicke: Sie laden jemanden zum Essen ein und es schmeckt nicht. Sie reißen mit Ihrer Tasche etwas vom Regal, was mit Karacho auf dem Boden zerschellt. Oder Sie halten eine Rede, verlieren mittendrin den Faden und stottern völlig aus dem Konzept geraten vor sich hin.

Wenn wir so einen Vorfall *beobachten*, dann finden wir ihn gar nicht schlimm. Allenfalls empfinden wir Mitgefühl oder sind erleichtert, dass es nicht uns passiert ist. Wann immer Ihnen ein Missgeschick dennoch unangenehm ist, gehen Sie in die Offensive … und erinnern Sie sich bitte gleichzeitig daran, dass es Ihnen gar nicht peinlich sein muss. Denn ein Missgeschick ist keine große Sache! Also blähen Sie es nicht künstlich auf. Gehen Sie stattdessen sofort aktiv drauf ein. Wie vielfältig eine souveräne Reaktion aussehen kann, betrachten wir anhand verschiedener Szenarien. Sie erleben alle vier offensiven Werkzeuge und sehen, dass Sie immer gerade das Werkzeug wählen können, das zu Ihnen passt und zu dem Sie im Ernstfall gerade in der Lage sind.

■ **Missgeschick im Supermarkt:**

Fangen wir ganz einfach damit an, dass Ihnen im Supermarkt eine Flasche runterfällt und zerbricht. Vielleicht ist Ihnen das auch gar nicht peinlich, sondern Sie reagieren automatisch ganz locker-flockig. Für viele ist aber das bereits ein Grund, um im Boden zu versinken. Dabei ist es ganz simpel. Sie gehen einfach zum nächsten Angestellten und …

… sagen Bescheid: „Bitte entschuldigen Sie. Mir ist eine Milchflasche runtergefallen und zerschellt. Können Sie bitte jemanden schicken, der es aufwischt, oder mir einen Lappen geben?"

… bitten Sie aktiv um Unterstützung: „Mir ist vor dem Kühlregal eine Flasche Milch aus der Hand gerutscht und jetzt schwimmt alles. Natürlich komme ich für den Schaden auf."

… kommentieren die Sache kurz: „Oha, das tut mir leid! Ich glaube, ich sollte nur noch Tetrapaks kaufen. Wie machen wir das mit der Bezahlung? Soll ich der Kassiererin einfach Bescheid sagen?"

… sagen mit einem Augenzwinkern: „Normalerweise wäre mir das jetzt total peinlich, aber es heißt ja, Scherben bringen Glück!" (Natürlich ist es zusätzlich schön, wenn Sie sich entschuldigen, für das Aufwischen bedanken und den Schaden ersetzen.)

■ **Missgeschick im Büro:**
Was aber, wenn Ihnen etwas Ähnliches im Büro passiert: Sie schütten sich den Kaffee über das Business-Outfit, die Hose reißt oder ein Absatz bricht ab? Dann gibt es immer zwei Aspekte: *das Missgeschick an sich* und *die mögliche Schadensbegrenzung*.

Wenn jemand den Vorfall mitbekommt und lacht, seien Sie nicht böse. Eine laut reißende Hose oder Ähnliches ist einfach komisch und reizt spontan zum Lachen. Genauso wie wir oft im ersten Moment losprusten, wenn jemand vor uns ausrutscht und in hohem Bogen hinfällt. Das ist oft einfach erster Reflex.

Gerissene Kleidung lässt sich flicken, ein Fleck verdecken oder beim Kollegen ein T-Shirt oder eine Jacke leihen. Vielleicht haben Sie auch die Gelegenheit, kurz ins Kaufhaus zu gehen oder jemanden zu bitten, Ihnen was Neues zu bringen. Also konzentrieren Sie sich immer auf eine mögliche Lösung, wenn das Missgeschick etwas drastischer ausgefallen ist.

Ansonsten gehen Sie locker damit um! Nehmen wir das Beispiel vom Selbsttest. Sie haben mittags beim Spaghettiessen großflächig Tomatensoße auf das weiße Oberteil gekleckert und können weder den Fleck verdecken noch die Garderobe wechseln, weil gleich ein wichtiger Kundentermin ansteht.

„Bitte entschuldigen Sie, dass ich nicht präsentabel bin. Murphys Law hat zugeschlagen."

„Was soll ich sagen ..." (Kunstpause und den Fleck mit beiden Händen präsentieren) „Mittags gab's Spaghetti." (lachen, die Kunden lachen mit)

Blackout:

Wie sähe das aus, wenn Sie mitten in einem Vortrag einen Blackout haben? Meistens stutzen wir dann kurz, reden trotzdem schon mal weiter, während wir nebenbei verzweifelt in unserem Gehirn kramen, was wir sagen wollten. Was, wenn Sie nicht mehr wissen, wo Sie gerade waren und worauf Sie hinauswollten? Dann können Sie …

… das einfach zugeben und Ihr Publikum um Hilfe bitten: „Wie Sie merken, habe ich gerade einen totalen Blackout! Bitte helfen Sie mir: Wo war ich gerade?" (fragend ins Publikum schauen, wenn jemand lacht, was wahrscheinlich ist bei so einer überraschenden Offenheit, mitlachen und warten, bis jemand Ihnen aus der Patsche hilft, was schnell passieren wird!)

… sich der Situation entziehen, indem Sie springen: „Jetzt hab ich meinen Faden verloren. Wir machen einfach hier weiter, und wenn es mir wieder einfällt, komme ich auf diesen Punkt zurück."

… laut nachdenken: „Hui, ein kurzer Blackout. Ich rekapituliere: Wir waren bei … und ich sagte gerade, dass …" (jetzt kommt es entweder wieder oder Sie improvisieren einfach was Neues)

… eine Pointe setzen: „Äh … äh … vergessen! Bloß gut, dass das kein Vortrag über Gehirntraining ist. Mein Hirn hat nämlich gerade den Geist aufgegeben."

Missgeschick beim Essenkochen:

Ein Beispiel aus dem Privatleben: Sie haben zum Essen eingeladen, alle sind total begeistert, weil Sie Lasagne machen. Ihre Freunde sind hungrig wie die Wölfe, weil Sie ihnen gesagt haben, dass sie ja nichts vorher essen sollen. Doch als alle gierig die Gabel zum Mund führen, wird klar: Ihr Paradegericht schmeckt heute ganz und gar nicht! Ihre

Freunde wechseln die Blicke, keiner will was sagen. Also machen Sie bitte nicht den Fehler, rumzujammern oder gar auf ihre Kochkünste zu schimpfen! Sondern …

… sprechen Sie aus, was alle denken: „Ihr braucht nichts zu sagen, ich schmecke es selbst! Bitte entschuldigt, irgendwas hab ich diesmal verbockt."

… Sie kommentieren kurz und retten das Essen: „Oh nein! Es schmeckt nicht. Irgendwas ist gehörig schiefgegangen. Jetzt brauchen wir Plan B … Ich könnte Spaghetti mit Tomatensoße zaubern."

… Sie nehmen das Ganze mit Humor: Legen Sie demonstrativ die Gabel hin, falten Sie Ihre Serviette zusammen, schauen Sie etwas bedröppelt und sagen Sie dann mit bedeutungsschwangerer Stimme: „Diese Lasagne ist an Schauerlichkeit kaum zu übertreffen. Keine Sorge. Meine Oma ist nicht da. Die hätte euch gezwungen, den Teller leer zu essen."

Wichtig: Wenn uns etwas unangenehm war, neigen wir dazu, das genau so anderen zu erzählen. „Heute ist mir was Peinliches passiert!", „Das war so was von schrecklich!", „Ich dachte, ich müsste im Boden versinken!". Dieses Wieder-und-wieder-Erzählen ist ebenfalls eine Form des Reinsteigerns. Sie hämmern sich ein, dass etwas ach-so-peinlich war. Lassen Sie das! Wenn Sie es weitererzählen möchten, geben Sie dem Ganzen einen neuen Dreh: „Heute ist mir was Lustiges passiert …", „Gestern war ich etwas in der Bredouille, aber ich habe es gut gemeistert, und zwar …".

Wenn uns unser Körper reinreitet

Wir können unseren Körper nicht immer kontrollieren. Darum wird es immer wieder mal vorkommen, dass er Sie in Verlegenheit bringt: Sie spucken beim Reden versehentlich, müssen rülpsen oder Ihnen entfleucht ein Furz, den man hört oder riecht.

In vielen Fällen können Sie einfach so tun, als ob gar nichts geschehen ist. Sie machen ganz normal weiter oder schauen unschuldig-normal. Denn der andere ist sich entweder nicht sicher, ob Sie es waren (oder er selbst), oder er ist einfach taktvoll genug, es zu ignorieren. Denn ihm passiert so was auch.

Wenn es nicht zu leugnen ist, weil der andere darauf reagiert oder Sie von sich aus darauf eingehen möchten, können Sie einfach wieder aktiv werden:

„Ups, das ist mir jetzt peinlich. Bitte entschuldigen Sie!" (Wenn Sie gespuckt haben, dann kurz wegwischen. Wenn der Besprechungsraum stinkt, machen Sie das Fenster auf.)

„Das war nicht die feine englische Art." (weitermachen oder Thema wechseln)

Beim Humor sieht es in diesem Fall so aus: Lachen andere oder ziehen sie Sie auf, dann lachen Sie einfach kurz mit. Damit ist es erledigt. Sind Sie besonders locker oder befinden Sie sich in Gesellschaft von guten Freunden, können Sie das Ganze natürlich etwas augenzwinkernder angehen. Seien Sie sich aber dessen bewusst, dass Sie dadurch den Vorfall betonen:

Passt ein Spruch? „Wenn's Arscherl brummt, ist's Herzerl g'sund!" (mitlachen) oder einfach: „Ich wünschte, ich hätte eine Zeitmaschine, um das eben ungeschehen zu machen."

Fällt Ihnen etwas Peinliches aus der Tasche, zum Beispiel ein Tampon oder Kondom, dann machen Sie kein Aufhebens darum, sondern stecken es einfach wieder ein. Sind Sie in Gesellschaft von sich vorpubertär aufführenden Erwachsenen, die versuchen, daraus eine Peinlichkeit zu konstruieren, holen Sie den Gegenstand noch mal raus, halten Sie ihn in der Person vor die Nase und sagen sachlich: „Ja. Das ist ein [Tampon/Kondom].“

Ein weiteres Beispiel: Sie werden knallrot und jemand sagt: „Du wirst ja ganz rot!“

„Warum weisen Sie extra darauf hin, dass mir der Vorfall offensichtlich peinlich ist?“ (sachlich-neugierigen Tonfall beibehalten!)

Auf die Bemerkung überhaupt nicht eingehen, sondern normal weitermachen.

„Ja, ich bin rot, weil mir [mein Fehler/dieser Fauxpas] unangenehm ist.“
(normal weitermachen, das Thema wechseln oder gehen)

„Wie eine Tomate!“

Vielen Menschen ist peinlich, wenn sie im Alltag weinen müssen. Vor allem Frauen glauben, sie verspielten sich Ansehen, weil es so ausgelegt werden könnte, dass sie schwach sind oder auf die Tränendrüse drücken. Männer gelten als stark, dabei ist jeder mal schwach, enttäuscht, überfordert oder es steigt einem vor Wut das Wasser in die Augen. Häufig sind die Vorboten des Heulens weithin sichtbar: Unattraktive Flecken, ein angespannter Kiefer und die zitternde Lippe verraten alles. Weinen ist, wie lachen, eine menschliche Reaktion. Anstatt Ihr Gehirn damit zu blockieren, dass Sie bloß nicht weinen dürfen, lassen Sie es laufen. Dann haben Sie nämlich genug Hirnleistung, um sich auf den Inhalt zu konzentrieren, um den es gerade geht:

Wenn man merkt, dass die Augen anfangen zu schwimmen, klappt es manchmal noch, das wegzublinzeln.

„Wie Sie sehen, ist mir gerade zum Heulen zumute." (Holen Sie ein Taschentuch raus und schnäuzen Sie erstmal herzhaft oder bitten Sie um ein Taschentuch)

Entschuldigen Sie sich kurz und gehen Sie auf die Toilette. Dort atmen Sie tief durch und ziehen sich eine Grimasse. Das bringt Sie zum Lachen und die Lockerheit hilft Ihnen, schnell die Fassung wiederzuerlangen.

„Der Damm ist gebrochen. Da musst du jetzt durch. – Bevor wir weiterreden, brauche ich ein paar Packerl Taschentücher."

Peinliche Enthüllungen

Sie geben Ihrem Chef die Digitalkamera, um ihm die tolle Aussicht bei der letzten Bergwanderung zu zeigen. Er blättert, bewundert die Aussicht, stutzt und gibt die Kamera schnell zurück. Leider haben Sie vergessen, dass vor den Ausflugsbildern noch ein Selbstporträt in Unterwäsche gespeichert ist.

Rücken wir das gleich mal zurecht: Klar ist das peinlich, wenn der Chef einen in Unterwäsche sieht. Doch abgesehen davon, dass ihm das in der Regel genauso unangenehm ist, steht fest: Ihr Chef weiß, wie Frauen in Unterwäsche aussehen. Genauso wie Sie sich ohne Probleme Ihren Chef in Unterhosen vorstellen können, wenn Sie wollen. Außerdem lernen Sie fürs nächste Mal: Die Kamera nicht aus der Hand geben, wenn Sie nicht sicher sind, was drauf ist, oder zumindest vorher noch mal checken. Das nützt Ihnen jetzt auch nichts mehr, meinen Sie? – Oh doch! Erinnern Sie sich an die Tatsache, dass es immer Schlimmeres gibt? Heute ist es das Unterwäschebild und morgen könnte es was Peinlicheres sein. Da hat Sie der Unterwäscheschnappschuss möglicherweise vor Dramatischerem bewahrt.

Natürlich ist so knappe Bekleidung nicht bürotauglich, aber da es auch keine große Sache ist – am Strand haben Sie schließlich genauso wenig an –, können Sie die ganze Palette der offensiven Werkzeuge nutzen. Wenn es Ihnen möglich ist, halten Sie den direkten Blickkontakt während Ihrer Antwort.

! **Packen Sie nach Ihrer jeweiligen Reaktion ruhig, aber bestimmt die Kamera weg und wechseln Sie sofort das Thema. Damit nehmen Sie sich beiden etwas von der Peinlichkeit weg. Denn Ihr Chef kommt gar nicht erst auf die Idee, dass er jetzt unbedingt was sagen muss. Und Sie sorgen dafür, dass die Sache nicht unangenehm zwischen Ihnen steht.**

„Man sollte immer vorher seine Kamera checken!“ (Machen Sie dazu idealerweise ein selbstbewusstes Tja-Gesicht, dann weiter im Text.)

Der Chef hat es gesehen und tut, als wenn nichts war (auch wenn Sie es seiner Reaktion anmerken). Tun Sie auch so, als sei nichts geschehen ... auch wenn man es Ihrer Reaktion ansieht.

Sie nehmen die Kamera an sich, sagen: „Das lösche ich mal lieber gleich“, löschen und lenken die Situation auf das zuvor geführte Gespräch.

„Oha! Da geht die schöne Aussicht ein bisschen zu weit!“ (kurz lachen und Thema wechseln)

Was, wenn es ein Foto ohne Unterwäsche war oder ein Nacktfoto Ihres Ehemanns? Dann ist es eine Schamesröte peinlicher – für beide. Darum empfehle ich Ihnen in solchen Fällen, ganz schnell die Kurve zu kriegen:

„Das war nicht für Ihre Augen bestimmt.“

Ein großes Peinlichkeitsfeld bietet auch das Internet. Kurioserweise veröffentlichen viele Leute einerseits freigebig Details und Fotos von sich, die ihnen gleichzeitig peinlich sind! Manchmal, weil sie in erstem Überschwang etwas ins Netz stellen und nicht mehr dran denken. Oder weil sie verdrängen, dass das Internet erstens öffentlich ist und zweitens nichts vergisst.

Ich arbeite ja hauptsächlich online und staune auch immer wieder, was Kommentare angeht: Da ist dem einen peinlich, wenn man ergoogeln kann, dass er ein Suppenrezept ins Netz gestellt hat, und andere stellen öffentlich eine Datingseite mit hochprivaten Informationen samt Foto ein. Es geht sogar noch eine Nummer krasser: Ich hatte schon

Rechtsanwälte und Steuerberater, die in Kommentaren schrieben, wie schlampig sie doch seien und nichts auf die Reihe bekommen – und andere findet man unter ihrem Klarnamen auf Fetisch-Seiten. Das zeigt einmal mehr: Die Peinlichkeitsgrenzen sind ganz verschieden.

Picken wir uns die Partnervermittlungswebsite raus. Als Sie ins Büro kommen, grinst Ihr Kollege und überreicht Ihnen den Ausdruck Ihres Datingprofils: „Na, soll ich's ans Schwarze Brett hängen? Vielleicht finden Sie den ‚romantischen Mann, der mit beiden Beinen fest im Leben steht' ja hier in der Firma. Vielleicht bin es ja sogar ich!"

In einer solchen Situation ist es wichtiger denn je, dass Sie cool bleiben. Denn wenn Sie sich jetzt als Opfer zeigen, macht sich der Kollege schlimmstenfalls einen Spaß, Sie damit aufzuziehen. Sie wissen ja: Manche Leute freuen sich an der Verlegenheit anderer. Wenn Sie aber kein dankbares Opfer sind, macht es keinen Spaß, denn dann kann man sich nicht auf Ihre Kosten amüsieren. Schlucken Sie also gegebenenfalls die Peinlichkeit runter und den Impuls, den Kollegen zu bitten, niemandem was zu sagen, sondern stehen Sie zu Ihrem Datingprofil. Sie haben nichts falsch gemacht und keinen Grund, sich zu schämen.

In diesen Fällen empfehlen sich drei offensive Werkzeuge. Das „so tun, als ob nichts war" würde zu sehr als Versuch gewertet, sich herauszureden.

„Ja. Ich date."
(Themawechsel oder ganz normal weitermachen)

Halten Sie ruhigen Blickkontakt, schlagen Sie einen freundlich-interessierten Tonfall ein und fragen Sie interessiert: „Was soll das jetzt?" (Warten Sie jetzt ab, bis der andere antwortet, und haken Sie ggf. mit ruhiger Nachfrage ein.)

„Das mit den ‚beiden Beinen' üben wir noch mal."

Was aber, wenn es doch einen Grund zum Schämen gibt? Wenn jemand etwas entdeckt hat, das tatsächlich geheim bleiben soll und im Berufskontext sehr peinlich sein kann? Zum Beispiel, wenn man Ihr Profil auf einer Swingerseite entdeckt?

Zum einen muss die Frage erlaubt sein: Wenn Sie nicht wollen, dass man etwas so Privates über Sie erfährt, warum haben Sie es so veröffentlicht, dass Sie identifizierbar sind? Darüber lohnt es sich nachzudenken. Denn zum einen können Sie daraus für die Zukunft lernen, zumal „Kalt erwischt"-Situationen in den meisten Fällen vermeidbar sind (siehe entsprechendes Kapitel).

Die Beziehung, die Sie zueinander haben, ist natürlich ein wichtiges Indiz: Reibt Ihnen die Person ihren Internetfund aus Gedankenlosigkeit, Neugier oder als harmlose Neckerei unter die Nase? Oder glauben Sie, dass man Sie bloßstellen, mit Anspielungen quälen oder erpressen möchte? In allen Fällen, besonders aber, wenn Sie vermuten, dass Ihr Gegenüber mit der Entdeckung nichts Gutes im Schilde führt, ist Ihre souveräne Reaktion jetzt enorm wichtig! Zumindest nach außen. Sie können innerlich Panik schieben oder im Boden versinken. Die Katze ist bereits aus dem Sack. Wenn Sie sich sichtbar winden, machen Sie sich zu einem attraktiven Opfer. Gelingt es Ihnen, souverän und vielleicht sogar mit Humor die Schultern zu zucken, wirken Sie unangreifbar. Außerdem macht es keinen Spaß, Sie damit aufzuziehen.

„Ja, ich habe Sex. Wie jeder Mensch." (normal weitermachen oder Themawechsel)

„Ich hoffe, du gehst respektvoll mit dieser Information um, so wie du es dir mit persönlichen Informationen auch wünschst."

„Auf welchen Websites treibst du dich denn rum?" (sofort das Thema wechseln)

Bei solchen drastischen Entdeckungen wirkt es fast witzig, dass Ihnen vielleicht banale Dinge megapeinlich sind. Vielleicht gehören Sie auch zu den Menschen, die nie zugeben würden, dass sie

- öfter mal ins Fast-Food-Restaurant gehen.
- ein großer Fan von Dschungelcamp & Co. sind.
- Schlager oder Volksmusik hören.

Gewöhnen Sie sich an, zu diesen Kleinigkeiten zu stehen, anstatt sie zu verheimlichen oder gar zu verleugnen. Abgesehen davon, dass Sie sich vielleicht doch mal verraten oder es entdeckt werden könnte, beginnt die Blamage-Desensibilisierung bei diesen lächerlichen Dingen! Also rufen Sie doch gleich ein paar gute Freunde an und beichten Sie, dass Sie die „Greatest Hits“ von Howard Carpendale ganz hinten im Schrank versteckt haben.

Ihr Aussehen (und wie Sie dazu stehen)

Wir könnten jetzt so tun, als ob sich jeder rundum annimmt, wie er ist, und selbstbewusst in die Welt geht. Aber das wäre gelogen! Tatsächlich ist uns unser Aussehen oft peinlich. Ob es der „Bad Hair Day“ ist oder die unreine Haut. Vielleicht gehen Sie nicht gern unter die Leute, weil Sie sich zu dick, zu dünn, zu groß, zu klein oder zu hässlich fühlen – oder einfach, weil Sie sich dumme Kommentare dummer Menschen anhören müssen.

So eine Unzufriedenheit kann übersteigerte Züge annehmen. Dann verhalten wir uns anders, fühlen uns als Zielscheibe und trauen uns oft genug nicht, Dinge zu tun, die wir gerne machen würden (siehe das Kapitel über die „eigene Courage“). Wenn Sie sich peinlich sind, ziehen Sie sich selbst den Boden unter den Füßen weg.

- Sie sind gegen sich, was zu einer unsicheren Ausstrahlung und negativen Gefühlen führt.
- Sie beziehen viel zu viel auf den angenommenen Makel und interpretieren Reaktionen entsprechend einseitig.

- Sie reagieren überempfindlich auf – oft sogar nur angenommene oder missinterpretierte – Blicke und Kommentare.

Machen wir uns nichts vor: Ich kann Sie nicht mal eben mit diesem Buchkapitel von einem negativen Selbstbild befreien, aber ich kann Ihnen einige wichtige Aha-Erkenntnisse verschaffen. Dafür verwenden wir die Anti-Blamier-Formel in etwas erweiterter Form: sowohl für ein besseres Selbstbild als auch für Reaktionen auf Ihr Aussehen.

Der Teufelskreis eines schlechten Selbstbildes

Ich bin
- hässlich
- unattraktiv
- langweilig

ALLE
- tuscheln heimlich
- ekeln sich
- bemitleiden mich
- machen sich lustig

NIEMAND
- mag mich
- findet mich attraktiv
- interessiert sich für mich
- will was mit mir zu tun haben

Wenn wir schlecht über uns denken, ist das schon ein schlimmes Gefühl. Doch wenn uns unser Aussehen peinlich ist, gehen wir noch viel weiter. Wir urteilen sehr hart über uns und treffen oft sehr differenzierte Annahmen darüber, was andere über uns denken. Doch das ist noch nicht alles! Wir spekulieren auch über die Folgen:

Ich	habe eine zu große Nase	**darum**	finde ich nie eine Frau/einen Mann.
	bin zu hübsch		spricht man mir Intelligenz ab.
	habe Segelohren		bekomme ich keine Stelle im Service.
	bin dünn		vermutet man, ich bin essgestört.
	habe Übergewicht		halten mich alle für undiszipliniert.
	bin zu klein		nehmen mich andere nicht ernst.

Übung: Was denken Sie über sich? Was sind Ihre Annahmen?

Ich bin ______________________ **darum** ______________________

______________________ ______________________

______________________ ______________________

______________________ ______________________

______________________ ______________________

______________________ ______________________

Wir steigern uns in solche inneren Überzeugungen immer weiter hinein. Dadurch intensivieren wir unser Peinlichkeitsgefühl: Je öfter wir uns selbst bestätigen, dass es da offensichtlich ein Problem gibt, das andere lachhaft oder eklig finden, desto größer unsere Scham. Wir verwechseln unsere Annahmen mit Tatsachen. Plötzlich sind Ihr abgestorbener Zahn oder die lichten Haare ein Drama, der Ihnen Beziehungen, Karriere ... ach, das ganze Leben! ... beeinträchtigt.

Das wiederum führt dazu, dass

- wir noch unsicherer werden.
- anderen Blicke und Gedanken unterstellen.
- sehr vieles auf unser Aussehen beziehen, auch wenn es darum überhaupt nicht geht.

Die Folge dieses Teufelskreises: Wir treten extrem unsouverän auf. Bei tatsächlichen dummen Kommentaren sind wir sehr verwundbar und erst recht nicht handlungsfähig. Denn jetzt trifft der andere genau unseren wunden Punkt.

Sie wissen ja, dass es beim selbstbewussten Blamieren bereits jede Menge bringt, die kontraproduktiven – defensiven – Reaktionen bleiben zu lassen. Die gute Nachricht ist: Das gilt auch dafür, wie Sie mit sich selbst umgehen, und zwar sowohl in Gedanken als auch in Selbstgesprächen:

Richten Sie nicht auch noch das Spotlight drauf!

Betrachten Sie das, was Sie stört, nicht unterm Vergrößerungsglas! Stellen Sie sich nicht andauernd vor den Spiegel und ziehen Sie Ihr T-Shirt hoch, wenn Sie Ihren Rettungsring schlimm finden. Schauen Sie nicht unentwegt auf das, was Sie nicht leiden können. Reduzieren Sie sich nicht auf einen vermeintlichen Makel.

Stellen Sie das Reinreiten ab!

Reinreiten kann man sich auch blendend durch das Internet und mithilfe seines engeren Umfelds: Das geht von Fragen („Bin ich fett?") über Urteile („Ich bin sooo eine Tonne geworden!") bis zum Nachlesen, dass andere sich ebenfalls hässlich finden. Auch Selbsthilfebücher können zum Reinreiten führen, weil Sie sich damit bestätigen, dass etwas ein Riesenproblem ist.

Rechtfertigen Sie nicht, lassen Sie Schuldzuweisungen, Angriffe und Ausflüchte:

„Ich habe so schlechte Zähne, weil meine Eltern mir das Zähneputzen nicht gezeigt haben", „Ich habe 30 kg Übergewicht, weil mein Mann so spät aus der Arbeit kommt und wir dann erst richtig aufkochen", „Das andere Geschlecht ist so oberflächlich, da hat jemand wie ich gar keine Chance!", „Ich würde ja gerne an meinem Rundrücken was machen, aber ich habe keine Zeit für Sport".

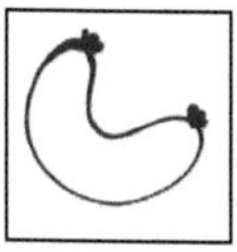

Seien Sie keine beleidigte Leberwurst!

Leberwurstgehabe ist nicht nur das Beleidigtsein auf einen Kommentar. In Selbstgesprächen kommt es oft im Gewand von Klagen daher, wie unfair andere sind: „Die Menschen sind so grausam. Alle lachen über mich!", „Es ist so gemein, dass ich als Frau immer nach dem Aussehen abgeurteilt werde", „Alle Frauen sind zickig und neidisch auf mich".

Wenn Sie sich konsequent davor bewahren, sich vor sich selbst herunterzumachen, ist schon jede Menge gewonnen! Tatsächlich kann es sein, dass Sie ein angeschlagenes Selbstbild durch das Weglassen dieser kontraproduktiven Heruntermachereien regulieren. Zum Beispiel, indem Sie Ihren Blick auf sich selbst relativieren:

„Meine Segelohren sind nicht so schön, und ich bin in meinem Leben schon oft deswegen gehänselt worden. Am meisten früher in der Schule. Heute, wo ich erwachsen bin, sind sie gar nicht mehr so sehr sichtbar, weil ich eine vorteilhaftere Frisur habe."

„Ich fürchte, dass mich meine zu vielen Kilos unattraktiv machen. Realistisch betrachtet gibt es sehr viele glückliche Paare ganz unterschiedlicher Statur. Ich kenne viele noch fülligere Menschen, die sehr attraktiv sind, und muss zugeben: Das liegt an Ausstrahlung, Zufriedenheit und Outfit. In Wirklichkeit fühle ICH mich in meiner Haut nicht wohl."

Michael K. Williams war Tänzer, Model und aufstrebender Schauspieler, als er eines Abends in eine Schlägerei verwickelt wurde. Dabei zog ihm jemand eine Bierflasche durchs Gesicht, und es blieb quer durch das Gesicht eine riesengroße Narbe. Das war ganz offensichtlich das Ende seiner Karriere: Er würde für immer entstellt bleiben in Berufen, in denen gerade das makellose Aussehen sein Kapital war! Tatsächlich passierte das Gegenteil: Seine Karriere hob erst richtig ab *wegen* der Narbe.

Limitieren Sie sich nie selbst!

Für ein besseres Selbstbild zu sorgen, sich anzunehmen oder auch aktiv etwas zu verändern, mit dem Sie nicht zufrieden sind, das ist natürlich eine umfassendere Aufgabe, die dieses Buch nicht leisten kann. Holen Sie sich bitte Unterstützung bei guten Freunden, einem Coach oder Therapeuten, wenn Sie an etwas sehr zu knabbern haben!

Auf Blicke und Kommentare zu Ihrem Aussehen reagieren

Nun gibt es natürlich immer wieder tatsächlich Kommentare anderer, die sich auf Ihr Aussehen beziehen und ganz schön peinlich sein können. Das reicht vom gut gemeinten Tipp über Gedankenlosigkeit bis hin zu Bösartigkeiten. Manchmal ist es noch nicht mal das, was ein anderer kommentiert, das peinlich ist, sondern das Wie oder Wo. Hier wieder stellvertretend einige Beispiele, worauf es ankommt, wenn Sie souverän reagieren möchten.

- **Man kommentiert Ihren Look.**

Gehen wir zunächst mal von Kritik aus, die sehr direkt ausfällt. Diese ist nicht zwingend böse gemeint, aber sie nimmt kein Blatt vor den Mund und kann deshalb peinlich werden.

„Ich hatte auch mal so eine Friseurin, die total verschnitten hat.“
„Darin siehst du wie eine Presswurst aus!“

Nehmen wir das Beispiel mit der Presswurst. Aussehen ist ja durchaus auch Geschmackssache. Sie fanden Ihr Outfit bisher gut:

Keine gute Reaktion:

Souverän agieren:

„Und dieser beige Pulli lässt DICH aussehen wie eine Leiche!“

„Was genau findest du so unvorteilhaft?“

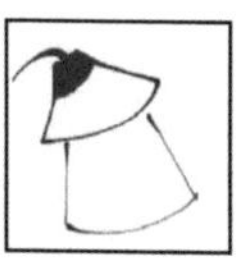

„Ich weiß, ich weiß! In meinem Alter geht das nicht mehr. Was habe ich mir nur gedacht!“

(Sie gehen nicht darauf ein, sondern gehen weg oder wechseln das Thema.)

„Bin ich zu dick geworden?“

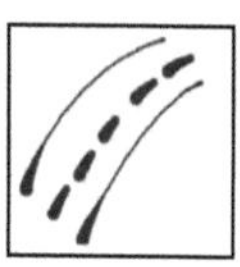

„Mir gefällt's.“ (dann sofort Themawechsel oder gehen)

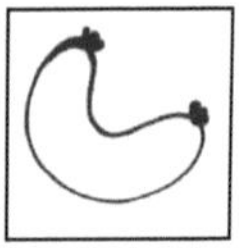

„Na danke! Wenn man solche Freunde hat, braucht man keine Feinde!“

(nur wenn Sie ehrlich lachen können, bitte augenzwinkernd:) „Presswurst ist das neue Schwarz!“

- **Man gibt Ihnen „guten Rat“ zu Ihrem Aussehen.**

Wenn wir nicht gängigen Schönheitsidealen entsprechen, machen andere angenommene „Makel“ oft zum Thema. Hadern Sie selbst damit, verstärkt es die Unsicherheit. Aber selbst wenn Sie kein Problem mit Ihrer krummen Nase oder Körpergröße haben, ist es oft peinlich, sich Kommentare über sein Aussehen anhören zu müssen. Zumal sich aus solchen Bemerkungen in einer Gruppe oft ein ausführliches Gespräch ergibt. Dann diskutieren die Leute über Nasenformen, was „entstellt“ oder als attraktiv gilt, und der Auslöser für das Gespräch war etwas, das jemand an Ihnen wahrgenommen hat.

„Es gibt Frauen, die auf kleine Männer stehen.“
„Schönheits-OPs sind gar nicht mehr so teuer!“

Sagen wir, jemand spielt auf Ihre Nasenform an und erzählt, dass Schönheitsoperationen mittlerweile gang und gäbe sind. Sie haben ein Problem mit Ihrer Nase und sind getroffen.

Keine gute Reaktion:

„Ich finde meine Nase schön!“ (= in diesem Fall eine Lüge)

„Ich fand mich schon immer hässlich und schäme mich dafür. Sie bestätigen mich darin.“

Souverän agieren:

„Ich finde meine Nase auch zu groß. Mir ist es unangenehm, wenn Sie darüber diskutieren.“

„Ich weiß, Sie meinen es gut, aber mein Aussehen ist wirklich meine Sache.“ (Themawechsel)

„Würden Sie an Ihrem Körper herumschnippeln lassen?" (= kontraproduktiv, wenn Sie kein Thema draus machen wollen)

„Ich würde mich nie ohne gesundheitlichen Grund einer Operation unterziehen." (Themawechsel)

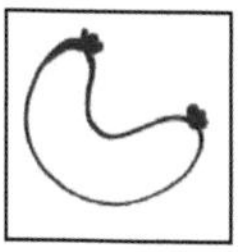

„Ich habe Sie immer gern gemocht, aber offenbar habe ich mich in Ihnen getäuscht!"

(nur wenn Sie ehrlich lachen können, bitte augenzwinkernd:) „Mein Zinken hilft mir, den richtigen Riecher zu haben."

Man kommentiert Ihr Gewicht.

Ein Dauerbrennerthema, zu dem sich sehr, sehr viele Menschen täglich Bemerkungen anhören müssen, ist das Gewicht. Dabei spielt es gar keine Rolle, ob man mit seinem Gewicht in eines der Extreme fällt, schon wenn Ihr Gegenüber einen anderen Maßstab rund um Essen und Körper hat, sind wir im Reich der oft nervigen Bemerkungen. Peinlich ist es, weil es sehr schnell persönlich wird ... von Unterstellungen ganz zu schweigen.

„Jetzt isst sie wieder wie ein Spatz. Du wirst schon nicht zu dick!"
„Willst du dir den Kuchen nicht verkneifen?"

Nehmen wir an, Sie haben ein paar Kilo zu viel. Sie sitzen im Café und bestellen eine Torte, da sagt jemand laut: „Die würd ich mir an Ihrer Stelle verkneifen!"

Keine gute Reaktion:

„Ich bin dick und kann abnehmen. Aber Sie bleiben doof!"

Souverän agieren:

Sie gehen zu der Person hin, halten Blickkontakt und sagen freundlich: „Wie bitte?"

(Sie bestellen kleinlaut die Torte wieder ab und verlassen das Café.)

„Wie kommen Sie dazu, so mit mir zu reden?“

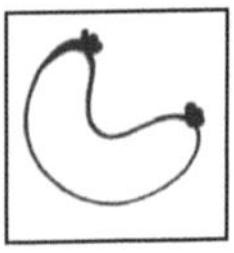

(Sie sagen laut in die Luft:) „Manche Leute müssen sich überall einmischen.“

(Sie überhören die Bemerkung einfach.)

„Das steht Ihnen frei.“ (weitermachen)

(Nur wenn Sie ehrlich lachen können, bitte augenzwinkernd:) „Sie sollten sich auch so manchen Kommentar verkneifen!“

In solchen Fällen ist immer wichtig, ob Sie mit der Person, die so eine Bemerkung macht, in irgendeiner Beziehung stehen. Wenn es ein wildfremder Mensch ist, dann ist die beste Taktik entweder das gezielte Überhören – oder, wenn es Ihrer Natur entspricht, die freundlich-sachliche Konfrontation. Viele Leute trauen sich, allgemein grobe Bemerkungen zu machen, wenn man sie aber zwingt, es mit festem Blickkontakt direkt ins Gesicht zu sagen, ziehen die meisten den Schwanz ein.

Kommentare wegen Ihres krankheitsbedingten Aussehens

Wenn wir uns mit einer Krankheit herumschlagen, ist das schon schlimm genug. Oft gibt es obendrauf noch sichtbare Symptome: lästige Schuppen, Haarausfall, ein aufgedunsenes Gesicht. Permanenter Schwindel oder eine schleppende Sprache, die andere glauben lässt, Sie seien betrunken. Sogar ein einfacher Schnupfen kann dazu führen, dass Ihnen die leuchtend rote Nase oder das Herpesbläschen furchtbar peinlich ist. Dieses Schamgefühl kann ich Ihnen natürlich nicht mal eben nehmen. Dennoch sind zwei Dinge enorm wichtig:

Krankheitssymptome sollten Ihnen nie peinlich sein!
Gehen Sie, wenn Sie das Bedürfnis dazu haben, in die Offensive! Andere wissen auch, wie es ist, krank zu sein, und kennen viele Symptome aus eigener Erfahrung. Das bedeutet auch, dass die meisten Symptome für andere keine große Sache sind. Das aus Ihrer Sicht „riesige Fieberbläschen" ist für andere kein Thema. Niemand käme auf die Idee, sich darüber lustig zu machen. Und wenn doch, ist es ein Idiot. Das macht das Peinlichkeitsgefühl in dem Moment zwar nicht kleiner, aber Sie erholen sich schneller davon, wenn Ihnen klar ist, dass sich hier eindeutig der andere blamiert hat mit seinem Verhalten!

Nicht immer möchte man Krankheiten öffentlich machen, aber es kann gut für Sie sein und Berührungsängste nehmen, wenn Sie offen damit umgehen. Entweder, indem Sie ein Symptom erklären: „Durch einen Zeckenbiss ist mein Gleichgewichtssinn beschädigt. Darum schwanke ich manchmal." Oder, indem Sie sogar dazusagen, dass Ihnen etwas peinlich ist: „Ich habe, wie Sie gesehen haben, derzeit einen Hautausschlag. Ich finde ihn selbst eklig. Aber keine Sorge: Mein Arzt sagt, es ist nicht ansteckend und in Kürze wieder weg."

Entscheiden Sie bitte immer, was Ihnen mehr Druck macht: über Ihre Krankheit zu sprechen (was auch bei ernsten Krankheiten sehr erleichternd für Sie sein kann!) – oder unter den sichtbaren Symptomen zu leiden. Wenn Sie es nicht offen sagen möchten oder bleibend Symptome haben, dann versichern Sie sich selbst bitte, bis Sie es glauben: „Das [Symptom] muss mir nicht peinlich sein. Es ist nichts, was ich verschuldet habe oder ändern könnte. Ich habe überhaupt keinen Grund, mich zu schämen!"

Teil 3

Ihr neues Selbstbewusstsein etablieren

Keine Angst vor der eigenen Courage!

Managen Sie sich! (Teil 2)

Peinlich, ja und?

10. Keine Angst vor der eigenen Courage!

Mit einer blamablen Situation souverän umzugehen, ist das eine. Sich offenen Auges in eine möglicherweise peinliche Lage zu begeben, das andere. Haben Sie schon mal:

- jemanden, der Ihnen gefällt, *nicht* angesprochen?
- sich *nicht* in einen Tanzkurs oder ins Fitnessstudio getraut?
- in der Arbeit bei einem tollen Projekt *nicht* die Hand gehoben?
- sich in einem Seminar *nicht* getraut, eine „dumme“ Frage zu stellen (oder sich beim Aufruf, ein Rollenspiel mitzumachen, *nicht* gemeldet)?

Dieses „nicht“, das Sie hier in jedem Satz sehen, ist genau das Problem! Aus Angst, ausgelacht zu werden, trauen wir uns vieles erst gar nicht. Diese Zurückhaltung ist einer der Top-5-Erfolgsverhinderer. (Die anderen vier sind: „nicht wissen, was man will“, „keine Selbstverantwortung“, „keinen Klartext reden“, „sich nicht fordern“.) Oder, wie wir in Bayern sagen: Von nix kommt nix.

Weil wir gerade bei Sprüchen sind, drücke ich Ihnen den mit dem Glück und dem Schmied auch gleich noch rein.

Wenn wir mehr können/tun/bekommen wollen, sollten wir uns nicht selbst im Weg stehen.

Sie können mehr, als Sie glauben!

… und was Sie noch nicht können, lernen Sie bestimmt nicht durchs Vermeiden. Reden wir also über Mut. Jeder von uns traut sich bestimmte Dinge zu. Manchmal stehen dieser Zuversicht Ängste gegenüber. Je nachdem, was in unserem Kopf größer ist, hängt unser Handeln und unser Selbstbewusstsein von unserem Mut ab:

Zuversicht > Angst
Überwiegt die Zuversicht, denken wir nicht groß über die betreffende Sache nach. Wir tun einfach. Das ist ein Zeichen, dass wir uns in unserer Komfortzone bewegen. Manchmal sind wir uns unserer Zuversicht bewusst, zum Beispiel, wenn wir vor Selbstbewusstsein bersten oder es sich um eine Situation handelt, in der wir früher unsicher waren.

Zuversicht = Angst
Stehen sich Zuversicht und Angst gleichwertig gegenüber, trauen wir uns. Wir sind dann ein wenig außerhalb unserer Komfortzone, fühlen uns aber der Sache gewachsen, auch wenn wir gleichzeitig etwas Bammel haben. Überwiegt die Angst ein wenig mehr, kommt es darauf an, wie wichtig uns die Sache ist bzw. wie viel auf dem Spiel steht.

Angst > Zuversicht
Ist die Angst größer, zählt unsere Zuversicht nicht besonders und schwindet sogar, weil die Angst, was alles Negatives passieren könnte, sich vermehrt. Wir steigern uns hinein. Es kommen weitere Ängste hinzu. Dadurch steigt unsere Überzeugung, dass wir der Sache nicht gewachsen sein werden. Wir drücken uns vor dem Handeln. Lieber nicht.

Wir haben zwei Stellschrauben:
- die Zuversicht vergrößern
- die Angst verkleinern

Wenn wir diese beiden Faktoren regulieren, vergrößert sich unsere Komfortzone, also der Bereich, wo wir erst gar nicht darüber nachdenken, ob wir uns etwas trauen oder nicht.

Idealerweise wird es in Ihrem Leben immer etwas geben, vor dem Sie Bammel haben. Denn das ist das Zeichen, dass Sie sich fordern! Nur wer immer in seiner Komfortzone bleibt, hat nie Angst, weil er stets das tut, was er ohnehin schon kennt und kann. Die Folge: Stillstand und Sichkleinhalten.

Wie aber reguliert man Zuversicht und Angst? – So:

- Sie verabschieden sich von der dummen Idee, dass Sie hellsehen können.
- Sie gehen kalkulierte Risiken ein, indem Sie ein Sicherheitsnetz spannen.
- Sie legen immer wieder mal eine Augen-zu-und-durch-Aktion ein.

Vermeiden Sie Hellseherei!

Wenn wir Schiss vor etwas haben, verwechseln wir unsere Annahmen, was passieren könnte, gerne mit Tatsachen. Dabei steigern wir uns oft auf diese zwei Arten hinein:

Das „Wissen", was passiert:

Bestimmt ...

... wird das ein Desaster!
... kann ich das nicht.
... nimmt man mich nicht ernst.
... bekomme ich einen Korb.
... ist der andere wütend.
... mache ich mich zum Gespött.
... werde ich ausgelacht.
... ist das der größte Fehler meines Lebens.

... in der verschärften Variante:

Die Horror-Kettenreaktion

Wenn ich diesen Vortrag halte, verhasple ich mich, bekomme einen Blackout und alle Augenpaare starren mich verächtlich an. Mein Chef sieht, dass ich eigentlich gar nichts kann, und feuert mich. Dann finde ich nichts Neues mehr und kann meine Miete nicht mehr zahlen. Meine Ehe scheitert, und ich lande unter der Brücke.

Sie gewinnen jede Menge, wenn Sie diese Hellsehereien entweder ganz bleiben lassen, umformulieren oder neutralisieren:

- **Bleiben lassen.** Das geht natürlich nicht auf Anhieb. Darum gewöhnen Sie sich das am besten ab, indem Sie sich dessen bewusst werden, wenn Sie damit anfangen. Sagen Sie sich innerlich freundlich, ohne zu werten: „Aha. Jetzt mache ich es gerade wieder! Ich versuche hellzusehen. Das lass ich jetzt sein."
- **Umformulieren.** Es ist nützlich, wenn Sie Ihre Ängste ernst nehmen. Es ist jedoch ein großer Unterschied, ob Sie so tun, als ob Sie mit Tatsachen konfrontiert seien, oder sich dessen bewusst sind, dass es eine Annahme ist. Ein „Ich kann das nicht!" wird zum „Ich habe Angst, dass ich das nicht kann, weil ..." oder „Ich fürchte, dass man mich nicht ernst nimmt".
- **Neutralisieren.** Beim „Neutralisieren" geht es um das Bewusstsein, dass es immer eine negative, neutrale und positive Möglichkeit gibt. Wenn Sie also negativ „hellsehen", erinnern Sie sich gleichzeitig daran, auch zu überlegen, was sonst passieren könnte: „Ich habe Angst, dass ich einen Korb bekomme. Es könnte aber auch sein, dass ... meine Angebetete geschmeichelt ist, dass ich sie frage, ob sie mit mir ausgeht. Oder dass sie erleichtert ist, weil sie ebenfalls ein Auge auf mich geworfen hat." Finden Sie sowohl für die negative, neutrale und positive Variante jeweils so viele „Es könnte sein, dass"-Varianten, wie Ihnen einfallen.

Das dürfen auch absurde, witzige Varianten sein, die ganz bestimmt nicht eintreten („Bestimmt macht sie Luftsprünge und ruft alle ihre Freunde an, dass ich sie endlich um ein Date gebeten habe!"). Wir wollen uns aus dem Negativ-Denken rausholen, und Humor ist eine der wichtigsten Werkzeuge dafür, uns locker zu machen.

Mehr zum *Schlimmsten, was passieren kann* am Ende des Kapitels.

Kalkulieren Sie das Risiko (mit Sicherheitsnetz)!

Jetzt kommen wir zur Taktik der kleinen Schritte. Die ist altbekannt und wird erstaunlicherweise kaum beherzigt. Meine Theorie dazu: Die meisten Menschen unterschätzen, wie nachhaltig und zügig einen kleine Schritte weiterbringen, wenn man sie kontinuierlich praktiziert. Und viele sind zu ungeduldig: Lieber zwingen Sie sich zu mehr, als sie momentan guten Gefühls aushalten. Aha! Da sind wir beim Vergrößern der Zuversicht.

Vor einigen Jahren leitete ich einen „Mutiger werden"-Workshop. Am ersten Abend stellte ich eine Aufgabe: „Nimm dir für die kommende Woche einige klitzekleine Sachen vor, die du dich traust, obwohl du ganz schön Herzklopfen hast. Wirklich etwas Kleines, das du sonst nicht tun würdest, dich diese Woche aber traust. Was könnte das sein?" Meine Workshopteilnehmer überlegten und hatten Ziele wie:

- Diese Woche spreche ich auf der Straße einen attraktiven Mann an.
- Ich sage meinen zwei Kolleginnen endlich, dass ihre Arbeit unterdurchschnittlich ist.
- Und ich sage meinen Freunden zu, sie im Ausland zu besuchen, was ich bisher nicht gemacht habe, weil ich Angst habe, alleine zu reisen.

Diese Ziele sind viel zu groß! Man wird nicht mutiger, indem man sich von 0 auf 100 zwingt. Ganz im Gegenteil. Je größer Ihre Angst vor etwas ist, desto kontraproduktiver ist es. Also pfiff ich meine Workshopteilnehmer erst mal zurück, erklärte ihnen, was kleine Schritte wirklich sind. Im Englischen sagt man dazu nicht umsonst baby steps, also Baby-Schritte.

Eine Woche später verkündeten sie stolz, was sie diese Woche über Mutiges gemacht hatten, was sie sich sonst nie getraut hätten und was sie vorher ganz schön Überwindung gekostet hatte:

- „Ich habe mich bei einem städtischen Schneeräumer bedankt, dass er mir den Gehweg frei macht. Er hat sich riesig gefreut, und ich war ganz stolz!"

- „Ich habe diese Woche zweimal fremde Männer nach der Uhrzeit gefragt."
- „Ich habe guten Freunden zugesagt, ein Wochenende bei ihnen in Berlin zu verbringen. Das ist schon aufregend genug für mich, so einen Kurztrip alleine zu machen."

Alle waren stolz wie Bolle. Zu Recht! Sie haben sich in kleinen, kontrollierten Schritten aus ihrer Komfortzone herausgewagt. Mit klopfendem Herzen. Und sie haben diesen nächsten Schritt gemeistert. Es ist nichts Schlimmes passiert, ganz im Gegenteil: Sie waren erfüllt von ihrem Mut und der positiven Reaktion. In der nächsten Woche haben Sie sich erneut solche kleinen Schritte vorgenommen und gemerkt, dass die Nervosität merklich weniger wurde.

Beim Risikokalkulieren geht es also um das Sicherheitsnetz der kleinen Schritte. Diese kleinen Schritte bestehen darin, dass wir uns etwas trauen, was uns Überwindung kostet, aber das in einem überschaubaren Rahmen. Ein Sicherheitsnetz können Sie zusätzlich spannen, indem Sie die Rahmenbedingungen vorteilhaft gestalten: Wie die Workshopteilnehmerin, die anfing, irgendwelche Männer auf der Straße nach der Uhrzeit zu fragen, anstatt direkt jemanden, der ihr gut gefällt. Vielleicht möchten Sie lernen, Ihrem Chef gegenüber eine Grenze zu ziehen, aber es ist viel einfacher, bei Kleinigkeiten im Freundeskreis damit zu beginnen. Oder Sie wollen Ihre Angst vor der öffentlichen Rede loswerden und fangen damit an, sich im kleinen Teammeeting vor Ihren fünf Kollegen öfter zu Wort zu melden.

Und jetzt: Augen zu und durch!

Waaas?!! Eben noch ging es lang und breit um kleine Schritte, und jetzt das? Zeit für einen Schwank aus meinem Leben:

Viele Jahre bin ich in Aerobic-Stunden gegangen, aber was ich mir nie zutraute, waren die Step-Stunden. Voller Faszination beobachtete ich, wie andere rasend schnell auf das Stepbrett sprangen, wieder runter, wilde Drehungen und komplizierte Choreografien machten. Das könnte ich nie! Ich war so überzeugt davon, dass ich es gar nicht erst probiert habe: Warum sollte ich unter all diesen Könnern wie ein Trottel hinterherstolpern? Lieber mied ich die Stunde ganz. Eines Tages war ich viel zu früh im Studio. Die einzige Stunde, die gerade anfing, war eine Step-Aerobic-Stunde für Fortgeschrittene. Ich ging zur Trainerin und sagte: „Wundere dich nicht, wenn ich nach fünf Minuten gehe, das liegt nicht an dir. Ich schleich mich einfach raus, wenn ich mich zu blöd anstelle." Dann passierte Folgendes:

- Ich suchte mir einen Platz ganz vorne bei der Trainerin, damit ich wenigstens gut sehen konnte, was zu tun ist.
- Ich nahm nicht nur in Kauf, dass ich mich blamieren könnte, sondern sorgte sogar dafür, dass man mich besonders gut beobachten konnte.

Die Stunde ging los, und ich kam sofort einwandfrei mit. Als hätte ich nie etwas anderes getan! Ich konnte alle Schritte aus den normalen Aerobic-Stunden, ich war mit dem Merken von Choreografien vertraut, ich hatte Rhythmusgefühl. Das Einzige, was anders war, war dieses Brett. Step-Aerobic wurde meine allerliebste Sport-Stunde: Je schneller und komplizierter, desto besser.

Wenn wir *immer nur* kleine Schritte machen, merken wir nicht, dass wir uns in vielerlei Hinsicht oft schon sehr viel mehr zutrauen können. Denn auch wenn wir vieles noch nie gemacht haben, können wir auf unsere Erfahrungen und Fähigkeiten vertrauen, die ganz oft übertragbar sind auf neue Situationen.

Das heißt natürlich nicht immer, dass wir das, womit wir uns fordern, immer gleich können, sondern es heißt, dass wir uns einfach mehr zutrauen dürfen. Auch im Hinblick darauf, dass wir es wunderbar aushalten, wenn etwas nicht nach Plan läuft. Situationen, denen wir uns aussetzen, verlieren ihren Schrecken.

Je öfter wir uns mit einem „Augen zu und durch" selbst ins kalte Wasser werfen, desto größer wird unser Zutrauen in uns selbst … Ganz egal, worum es geht. Ich bin der Sache schon gewachsen. Ich probiere das jetzt einfach mal aus.

Besonders schön ist, dass das reine Prinzip, dass wir konsequent an uns arbeiten und uns fordern, die Komfortzone vergrößert. Die Komfortzone ist gleichzeitig unser Selbstbewusstseinssockel. Je größer dieser Sockel, umso standfester sind Sie. Je standfester Sie sind, desto weniger kann Sie erschüttern oder gar umwerfen. Als ich in meinem Bekanntenkreis nach Beispielen für Blamagen fragte, hörte ich mehr als einmal: „Ich würde gerne was beisteuern, aber ehrlich gesagt: Mir ist fast nichts mehr peinlich!" Alles eine Frage des Sockels.

11. Managen Sie sich! (Teil 2)

Erinnern Sie sich noch an den Selbstmanagement-Abschnitt mit „Du Opfer!“, „Mach dich locker!“ und „Was geht ab?“? – Das hier ist die Fortsetzung, wie Sie auf diesen Grundlagen aufbauen können, um sich selbstbewusster (und mutiger) zu machen.

Sie wissen jetzt, wie Sie Ihre Komfortzone konsequent vergrößern können. Aber nur vergrößern ist nicht genug. Sie wollen ja nicht nur standfester und sicherer werden, sondern idealerweise entwickeln Sie sich ganz gezielt dahin, wie Sie sein und was Sie meistern möchten.

Dabei hilft es Ihnen, sich im Vorfeld zu fragen: „Was geht hier eigentlich ab?“, und sich danach zu motivieren: „Los jetzt, trau dich!“

Was geht ab?

Mit den „Was geht ab?“-Erkenntnissen können Sie sich konkrete Ziele setzen, an denen Sie arbeiten möchten. Dieses Selbstmanagement läuft zweigleisig:

Eine konkrete Situation analysieren:	**Was will ich generell von mir?**
Mit den Was?-, Wann?-, Wie?-Fragen können Sie jeden Vorfall analysieren (nicht nur die mit Blamage-Potenzial) und daraus ableiten, was Sie künftig anders und besser machen möchten.	Unabhängig von konkreten Vorfällen haben Sie bestimmte Vorstellungen und Ziele: Wie will ich (re)agieren/sein, auf welche Weise möchte ich besser mit Situationen/anderen umgehen können?

- **Trau dich gefälligst!**
Daraus entsteht ein Trau-dich-gefälligst-Plan, mit dem Sie Ihre Zuversicht steigern und die Angst vermindern. Sie tapezieren also Ihre Komfortzone, indem Sie nicht nur für sich beschließen, dass Sie sich etwas trauen, sondern machen gezielte Pläne, *was* und *wie* Sie etwas tun werden, um sich gezielt weiterzuentwickeln.

Denken Sie dran: Für das Umgewöhnen bisheriger Denkmuster und Verhaltensweisen braucht es immer etwas mehr Training. Etwas nur kapiert zu haben und sich vorzunehmen, ist das eine. Aber dann gezielt dranzubleiben, bis Sie das neue, gewünschte Verhalten etabliert haben, bedeutet, konsequent und kontinuierlich Schritte zu machen.

Probieren Sie es aus, zum Beispiel nach diesem Prinzip:

Mein „Was-geht-ab-ich-trau-mich"-Plan:

- Ich will:

____

____

____

____

____

____

- Kleine Schritte dazu sind:

____

____

- Augen-zu-und-durch-Maßnahmen wären:

- Mein Sicherheitsnetz könnte sein:

12. Peinlich, ja und?

„Scheitern“: Schon das Wort ist eine Übertreibung. Seien wir ehrlich: Wir haben’s manchmal schon sehr mit dem Drama! Scheitern, Misserfolg, bis auf die Knochen blamieren, das Gesicht verlieren … oder sogar allen Respekt.

Halten wir es doch besser mit Nietzsche: „Was uns nicht umbringt, macht uns stärker.“

Die meisten Blamagen sind unangenehm, aber aufs große Ganze betrachtet nicht so schlimm. Es hilft also schon mal, diese überdramatischen Wörter zu verbannen.

- **Sie haben schon ganz andere Sachen geliefert … und überlebt!**

Das Witzige ist, dass wir rückblickend – mit Abstand – alles anders betrachten. An vieles, was uns todpeinlich war, erinnern wir uns oft überhaupt nicht mehr. Dann erzählen uns Freunde, was passiert ist, und wir fragen: „Echt?! War das so?“ Oder wir schmunzeln darüber, wie schlimm das für uns damals war.

- ***In* der Situation ist alles schlimmer.**
- **Je nach Verfassung sind wir sensibler und angreifbarer.**
- **In der Regel spielen andere Faktoren mit rein, wenn uns etwas peinlich ist: Der Vorfall selbst ist es oft gar nicht, sondern unsere Unsicherheit und Ängste.**

Andere sehen etwas häufig gar nicht.
... oder nehmen es lange nicht so tragisch wie wir selbst. Der peinliche Riesenpickel zum Beispiel fällt anderen nicht großartig auf. Und wenn, dann haben sie wirklich andere Sorgen als Ihren Pickel, das verspreche ich Ihnen!

In unserem eigenen Kopf nimmt eine Peinlichkeit riesige Ausmaße an: „Oh nein! Das ist mir passiert! Ich sterbe! (Drama, Drama!)" Aber in den Köpfen unserer Mitmenschen nehmen deren Themen den ganzen Raum ein. *Ihr* Missgeschick, Versprecher, Riss in der Hose ... ist ein winziger, sehr vergänglicher Punkt. Wenn überhaupt.

Die Ausnahme: große Kaliber. Aber mal ehrlich: Wenn Sie lügen wie gedruckt, jemanden empfindlich verletzen oder andere durch Ihr Handeln große Nachteile haben, dann geht es nicht mehr um das Thema Peinlichkeiten.

Ja, und ...
Das „Ja, und" lege ich Ihnen doppeldeutig ans Herz:

Ja, und!

Sie wissen ja: Offensive ist Trumpf.

Dazu gehört auch, innerlich den Stier bei den Hörnern zu packen:
Das ist mir jetzt passiert. Ja, und!

Je lockerer und selbstbewusster Sie mit den alltäglichen Peinlichkeiten umgehen, desto weniger scheuen Sie Blamagen. Ist alles halb so schlimm. Sie meistern das schon!

Ja, und ...

... deshalb mache ich jetzt: (Schadensbegrenzung, Wissenslücke schließen o. Ä.)

... daraus lerne ich für das nächste Mal
Machen Sie daraus eine kleine Manöverkritik.

... das nehme ich zum Anlass, allgemein an meiner Souveränität zu arbeiten
(z. B. indem ich dieses Buch jetzt wirklich noch mal durchackere und die Tipps auch umsetze!)

Buchtipps

Bandelow, Borwin: *Das Buch für Schüchterne. Wege aus der Selbstblockade.* Rowolt Verlag, Reinbek, 2007.

Baum, Tanja: *Die Kunst, freundlich Nein zu sagen.* Redline Wirtschaft, München, 2008.

Brunner, Anne: *Die Kunst des Fragens.* Carl Hanser Verlag, München, 2006.

Bührer, Detlef: *30 Minuten gegen Lampenfieber.* GABAL Verlag, Offenbach, 2009.

Dölz, Susanne: *Sich durchsetzen – Best of Edition.* Haufe-Lexware, Freiburg, 2008.

Förster, Jens: *Kleine Einführung in das Schubladendenken: Über Nutzen und Nachteil des Vorurteils.* Deutsche Verlags-Anstalt, München, 2007.

Gutzeit, Sabine F.: *Die Stimme wirkungsvoll einsetzen.* Das Stimm-Potenzial erfolgreich nutzen (mit Audio-CD). Beltz Verlag, Weinheim, 2008.

Härter, Gitte: *Sorry! Entschuldigungen aussprechen, annehmen, ablehnen.* GABAL Verlag, Offenbach, 2011.

Herbst, Jaya: *Schon wieder ich! Über die Opferrolle und wie wir uns davon befreien.* Kösel-Verlag. München, 3. Aufl. 2006.

Jeffers, Susan: *Selbstvertrauen gewinnen. Die Angst vor der Angst verlieren.* Kösel-Verlag, München, 15. Aufl. 2012.

Kushner, Malcolm: *Erfolgreich präsentieren für Dummies.* Wiley-VCH Verlag, Weinheim, 3. überarb. Aufl. 2011.

Roser, Brigitte: *Das Ende der Ausreden. Was alles möglich wird, wenn wir nur wollen.* Diana Verlag, München, 2010.

Wagner, Helmut: *Pocket Power Soft Skills. Perfekt sprechen.* Carl Hanser Verlag, München, 2007.

Wiseman Richard: *Wie Sie in 60 Minuten Ihr Leben verändern.* Fischer Taschenbuch Verlag, Frankfurt, 10. Aufl. 2009.

Wolf, Doris: *Keine Angst vor dem Erröten. Psychologische Strategien zur Selbsthilfe.* PAL Verlag, 3. Aufl. 2005.

Register

Über die Autorin

Gitte Härter (geb. 1969) hat sich schon oft in ihrem Leben blamiert. Sie kennt das Gefühl einer rot leuchtenden Birne, sagt immer mal unmögliche Sachen und hat auch schon unzählige Male in der Öffentlichkeit geheult.

Alles halb so schlimm. Das Leben ist sehr viel einfacher, wenn einem fast nichts mehr peinlich ist. Souveränität ist Trumpf!

Seit 2010 hat sie sich ganz auf das Schreiben spezialisiert, textet für ihre Kunden und führt Schreibcoachings/-trainings durch. Davor war sie ein Jahrzehnt selbstständig als Business-Coach und -Trainerin. Und noch früher war sie in unterschiedlichen Funktionen in einem internationalen Medienkonzern tätig, zuletzt als Verkaufsleiterin.

Kontakt:
Gitte Härter, München
E-Mail: info@schreibnudel.de

Im Internet können Sie sich zahlreiche Grafiken und Checklisten aus dem Buch herunterladen. Zum Ausfüllen, An-die-Pinnwand-Hängen und Weitergeben: www.schreibnudel.de/blamieren